21世紀のロンバード街

The New Lombard Street:
How the Fed Became the Dealer of Last Resort

最後のディーラーとしての中央銀行

ペリー・メーリング〔著〕
Perry Mehrling
山形浩生〔訳〕

東洋経済新報社

私は決して心配性でない。イングランドの制度は奇妙で独特なものではあるが、安全に機能し得ることを私は確信している。しかし、この制度を安全に機能させたいならば、それについて学ぶ必要がある。お金に自己を管理する力はない。そして、ロンバード街には管理すべき多額の資金が集積しているのである。

——バジョット（1906［1873］, 20；邦訳28–29）

ジュディ、子どもたち、孫たちへ

Original Title:
THE NEW LOMBARD STREET
by Perry Mehrling

Japanese translation published by arrangement with
Princeton University Press through The English Agency (Japan) Ltd.

日本語版への序文

２００７～２００９年の世界金融危機は、それまでの数十年で構築してきた世界金融システムが受けた、初めての現実のストレステストだった。ここで述べているシステムとは、市場ベースの信用システム、つまりシャドーバンクで、伝統的な銀行ベースの信用システムと並行して成長してきたものではあるが、伝統的な仕組みを制約しつつも守ってきた、規制や下支えの仕組みの外にあるものだ。

お金と銀行業に関する教師として、私はこうした展開を15年ほどにわたって追ってきたし、自分の講義を使ってこの新しい仕組みの働きを自分なりに理解しようとしてきた。当初から、この新しい仕組みも従来と同じように「信用の本質的な不安定性」を示すのは明らかに思えた。もちろん事前にどこでほころびが生じるかはわからなかったが、あとは時間の問題だった。だから２００７年８月に、ＬＩＢＯＲがＦＦ金利より１００ベーシスポイント（ｂｐ）も跳ね上がったのには目を奪われ、注視を続けた。本書第６章はおおむね、危機が深まるにつれて何が起きているかを理解しようとする当時の私の試みに基づいており、その危機のもたらす教訓を学ぼうとした結果だ。

本書で述べたとおり私は、市場ベースの信用システムは今後も続くと考えていて、したがってその本質的な不安定性がずばりどのような形で現れるかを学び、将来の規制や下支えの参考にしたいと考えていた。私の見たところ、注目すべきものはディーラー制度だった。シャドーバンクは基本的に、「資本市場融資をマネーマーケットで資金調達する」というものだ。つまりバランスシートのどちら側でも、価格はディーラー市場で決まるということだ[1]。信用の本質的な不安定性は、その価格をまちがえることで生じる。好況期には、民間の流動性供給が流動性価格を引き下げすぎた。崩壊時には、それが高くなりすぎる。

この観点からすると、世界金融危機は一種のバジョット的な瞬間で、ＦＲＢがこの底の抜けた新種の金融危機に、どうやって底をつけるかを学んだときだった。流動性価格が高くなりすぎただけではなく、ディーラーはそもそもマーケットメイクを止めてしまい、そこでＦＲＢが乗り込んで、自分でマーケットメイクを行った。まずはマネーマーケットでそれを行い、やがて資本市場でもそれをやったのだった。本書で強調したように、これはＦＲＢにとって目新しいことであり、それに注目してもらうために私は「最後のディーラー、頼みの綱のディーラー」という用語を考案した。

だが本書の初出時には、これはかなり少数派の見方だった。それは学術界だけでなく政策業界でも同様だ。支配的な見方は、市場ベースの信用というのがおおむね規制アービトラージの結果でしかなく、規制の抜け穴さえふさげば、あっさり消えるはずだというものだった。だからこそ、２０１０年ドッド＝フランク法による規制パッケージは、シャドーバンクの話を丸ごと放り投げてしまった。その狙いは伝統的な銀行システムを守ることで、特にシャドーバンクが二度と伝統的な銀行システムを裏口に使って、公共のお財布に手を出せないようにすることだった。流動性ではなく、ソルベンシーが中心だった。政策担当者たちは、シャドーバンクの仕組みなんか理解する必要はなく、とにかく潰せばいいと思っていたのだ。

そこへやってきたのが、２０２０年3月のコロナ危機だった。特筆すべきこととして、銀行システムはこの危機をおおむね無傷でくぐりぬけた――ドッド＝フランク法のおかげだ。だが重要な点は、それでも危機が起きたということだ。それは実質的には、世界の市場ベース信用システムに対する二度目のストレステストだった。この市場ベース信用システムは、一向に消えうせたりしていなかった。正反対だ。この十年で事態の展開を見ていた人々、特に新興途上国を中心とするオフショアドルの、市場ベース信用システム拡大を見守ってきた人々にとって、これはいつ起きてもおかしくない危機だった[2]。世界金融危機では、重要だったのはアメリカ発の証券化された住宅ローンで、その資金を提供したのは世界のドル建てマネーマーケットだった。コロナ危機で問題となったのは、資本市場による新興途上国への融資であり、その資金源は先進国のマネーマーケットなのだった。

本書で扱った世界金融危機への対応のときには、ＦＲＢは何度も後追いの対応を強いられた。新しい手法を発明しても、連邦準備法第13条3項の下で使用が認められる「切迫した状況」を待たねばならなかった。これに対してコロナ危機では、ＦＲＢはすでに各種の手法を揃えていたので、２０２０年3月半ばに、きわめてすばやく強力に動き出した。最も重要なのは中央銀行の流動性スワップで、これはオフショアのドル資金調達システムの鍵となる、民間外為スワップ市場崩壊を下支えするものとして機能した（もっと具体的に言うと、主要六カ国の中央銀行Ｃ６その他数行についてのスワップと、その他のみんなに対してはＦＩＭＡレポファシリティだ[3]。これはＦＲＢが、他の主要中央銀行と協力して、世界的な最後のディーラーとして行動したということだ。

だがそれだけではない。ドッド＝フランク法はシャドーバンクを殺したりしなかったが、民間の流動性供給を伝統的な銀行部門から追い出すのには成功した。そしてそれを肩代わりしたのが、他のノンバンク金融仲介業だった。コロナ危機は、この新しい民間流動性供給システムのストレステストだった。そして、その最も弱い部分が明らかになった。その例として二つをあげよう。一つは、ヘッジファンドが米国債キャッシュフューチャーズにおけるキャリートレード運用、つまり米国債をロングしてフューチャーズをショートすることで、市場流動性を大量に販売するようになった。コロナ危機における現金確保合戦により、そうしたトレードでは損が出そうになった結果、ヘッジファンドは手を引き、米国債市場が大きく荒れたので、ＦＲＢはそれに即応すべく、自分のバランスシートを使った。二番目の例として、ＥＴＦ（上場投資信託）が社債運用を通じて市場流動性の大きな売り手となっていた。流動性のない資産のポートフォリオの一部に、日々流動性の供給を約束したわけだ。こうした約束は、コロナ危機で遵守できなくなってしまったので、ここにもＦＲＢは乗り込んで、自分のバランスシートを提供した[4]。

本書で私は、ＦＲＢがどのようにして頼みの綱の、最後のディーラーになったのかという物語を語り、その話を１９１３年ＦＲＢ創設にまでさかのぼって見せた。特に、当時急発展している国だったアメリカに流動性を供給するという課題に焦点をあてた。これは一種のＦＲＢの伝記で、大恐慌と世界大戦の試練を通じてそれがどのような知的形成をたどったかに注目した。そこから、

1951年ＦＲＢ＝財務省協定を通じて、ＦＲＢは成熟した形となった。私の主張では、ＦＲＢの優れた点は、アメリカの場合には流動性というのが「シフト能力」をめぐるものだというのを理解していたことだった。だからお金の管理とはシフト能力を管理するということだった。どんな資産ならＦＲＢにシフトできるだろうか？　その条件と価格は？

そしてこの歴史が、世界金融危機を理解する枠組みとなる。世界金融危機を解決するため、ＦＲＢは不動産担保ローン証券を自分のバランスシートに引き受けた。だが本書の伝記的な書き方は、危機が持っていたグローバルな性格をいささか見えにくくするという不幸な影響もあった。ＦＲＢによる流動性スワップを使った、頼みの綱の介入が持っていた世界的な性格については、本書で触れはしたが強調はしていない。当時の問題はアメリカの住宅ローンで、それがたまたまオフバランスシートのＳＩＶ（特別目的会社）や、オフショアのグローバル銀行に保有されていたという状況だった。本書は、ＦＲＢがまったくちがう種類のドル資産から発生する危機でも、同じように行動してくれるだろうかという問題を、宙ぶらりんにしたまま終えている。だがいまやコロナ危機により、その答えは文句なしのイエスだということが示された。

それどころか、コロナ危機が残した問題は、まさに正反対のものだ。ＦＲＢが介入するかどうかではなく、介入を急ぎすぎたか、やりすぎたのではないか、という問題だ。中央銀行流動性スワップを、カバーつき金利平価からたった25ベーシスポイントしか離れていない値づけで行い、ヘッジファンドが米国債キャリートレードから脱出して損失を抑えられるようにし、高《ハイ》イールド債も含む社債ＥＴＦの価格を買い支えた――こうした形でＦＲＢは危機に底を設け、それにより民間流動性供給の新しいノンバンク機関の下支えを行った。問題は、こうした例で価格が正しかったかどうかにとどまらず、この先に進むにあたり、こうした仕組みがこの任に本当にふさわしいか、というものだ。いまやＦＲＢは、自分が頼みの綱となる最後のディーラーという責任を負っているのを自覚している。そうした自覚のある中央銀行は、そんな責任を果たすためにお呼びがかかる可能性を減らすような、制度的改革をどうしても検討するようになる。

　本書はＦＲＢの伝記ではあるが、この物語は終わってはいない。ＦＲＢはまだ存命中なばかりか、いまや頼みの綱となる最後のディーラーという役割をきわめて積極的に受け入れている。コロナ危機はこの物語をさらに十年進めたが、これで世界金融危機以来積み上がってきたシステムの弱点をあらわにした。今後の数十年で、この体験から民間と公共が得た学びは新しい制度変化をもたらし、それがまた次の危機で検証されることになる。物語はまだ続くのだ。

２０２１年５月19日

原注

1. この表現は後で考案されたものだが、本書では暗黙に言及されている。Mehrling et al.（2014）参照。
2. Aldasoro and Ehlers（2018）.
3. Avdjiev, Eren, and McGuire（2020）, Arslan, Drehmann, and Hofmann（2020）. Mehrling（2015）は、危機時のＦＲＢ流動性スワップは国際金融システムの永続的な下支えになったという発想を展開しており、実際そうなっていることが示された。
4. Schrimpf, Shin, and Shusko（2020）, Aramonte and Avalos（2020）.

参考文献

Aldasoro, Inaki, and Torsten Ehlers. 2018. "The geography of dollar funding of non-US banks." *BIS Quarterly Review* (December): 15–26.

Aramonte, Sirio, and Fernando Avalos. 2020. "The recent distress in corporate bond markets: cues from ETFs." *BIS Bulletin* No. 6 (April 14).

Arslan, Yavuz, Mathias Drehmann, and Boris Hofmann. 2020. "Central bank bond purchases in emerging market economies." *BIS Bulletin* No. 20 (June 2).

Avdjiev, Stefan, Egemen Eren, and Patrick McGuire. 2020. "Dollar funding costs during the Covid-19 crisis through the lens of the FX swap market." *BIS Bulletin* No. 1 (April 1).

Mehrling, Perry, Zoltan Pozsar, James Sweeney, and Daniel Nielson. 2014. "Bagehot was a Shadow Banker: Shadow Banking, Central Banking, and the Future of Global Finance." In *Shadow Banking Within and Across Borders*, edited by Stijn Claessens, Douglas Evanoff, George Kaufman, and Luc Laeven. World Scientific Publishing. https://papers.ssrn.com/sol3/papers.cfm?abstract_id=2232016 から入手可。

Mehrling, Perry. 2015. "Discipline and Elasticity in the Global Swap Network." *International Journal of Political Economy* 44 No. 4 (October): 311–324.

Schrimpf, Andreas, Hyun Song Shin, and Vladyslav Shusko. 2020. "Leverage and margin spirals in fixed income markets during the Covid-19 crisis." *BIS Bulletin* No. 2 (April 2).

目次

はじめに

２００７年８月に始まり、２００８年９月に急激に悪化した金融危機は、イェール大学教授ロバート・シラーが主張する『サブプライムの解決法』（邦訳：『バブルの正しい防ぎかた』）より多くの対応を必要としたし、チャールズ・モリスが予想した『１兆ドルのメルトダウン』（邦訳：『なぜ、アメリカ経済は崩壊に向かうのか』）よりもずっと巨額の損失をもたらすことになった。それはむしろ、マーク・ザンディが「経済史における変曲点」と呼んだものなのが明らかになりつつある。これはつまり、現在の惨状を理解し、それを超えて考えられる未来を見るにあたっては歴史的な視点が必要だということだ。[1]

そうした記述を作り出すにあたっての知的な課題は巨大なものだ。というのもこの危機の拡大で銀行や金融の制度と市場だけでなく、そうした制度機関が機能するための規制監督装置も変えつつあるからだ。そしてその中で最も巨大な変化は、中央銀行／連邦準備制度（ＦＲＢ）の役割だ。この最後の点だけでも、教科書を見るとＦＲＢの主要な役割は、短期金利をコントロールして長期的なインフレ目標を実現することだと書いてある。だが危機が始まって以来、ＦＲＢはむしろ戦争を戦っている状態で、手当たり次第の武器を使うことになったし、その武器の多くはこれまで一度も使われたことがないものだ。

「最後の貸し手（Lender of last resort）」というのが、金融危機の古典的な処方箋だ。「いくらでも貸すが高金利で」というのは、ウォルター・バジョットの権威ある『ロンバード街：金融市場の解説』（１８７３）刊行以来、あらゆる中央銀行家の呪文となっている。今回の危機でも、ＦＲＢが最初の段階でやったのはそういうことだった。手持ちの国債を売り払い、その売上げを使って各種の割引機能の拡張により融資を行ったわけだ。

だがその後、リーマン・ブラザーズとＡＩＧ破綻と、それに続く国内および国際的なマネーマーケットの凍結を受けて、ＦＲＢはさらに多くのことをやり、卸売りマネーマーケットの相当部分を自分のバランスシートで引き受け、ものの数週間で自分のバランスシートの規模を倍増させた。いまにして思えばこの動きは、私が「最後のディーラー」と呼ぶ、中央銀行の新しい役割の始まりと見ることができる。

そして、ひとたびこの緊急措置で自由落下《フリーフォール》が止まると、ＦＲＢはその金融セクターの各種要素に対する臨時融資を不動産担保ローン証券の永続的な保有で置き換えた。基本的にこれは、家計への融資だ。これはまったく新しいもので、バジョットとはまったくちがう――「最後のディーラー」を民間資本市場にまで拡張したものだ。

図1　2007〜2009年FRBの資産（上）と負債（下）

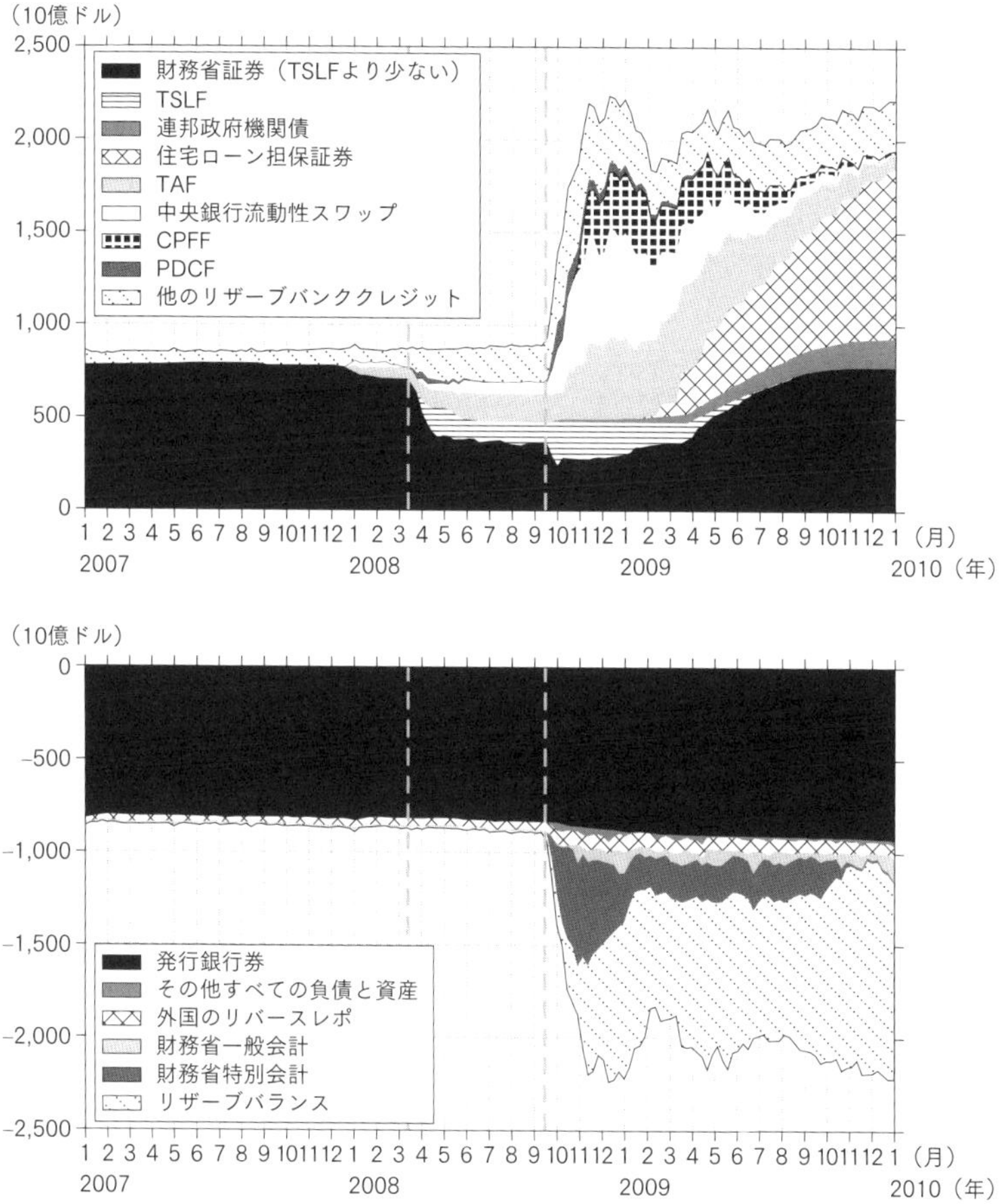

出所：Federal Reserve Board H.4.1 "Factors Affecting Reserve Balances" https://www.federalreserve.gov/releases/h41

この危機の間に起きたＦＲＢの役割の転換は、２００７～２００９年のＦＲＢのバランスシートを資産側と負債側の双方で示す簡単な図を見れば明らかだ（図１）。危機の各段階ははっきりわかる。まずは２００８年３月のベア・スターンズ破綻、そして２００８年９月のリーマン・ブラザーズとＡＩＧ破綻だ。本書のこれからの章は、この図が私たちにとって、今日およびこの先について持つ意味を理解するのに必要な、歴史的、分析的な文脈を提供しようとしたものだ。

マネービューの視点

政策対応の中心役を果たしたのがＦＲＢだったのは偶然ではない。実際、本書の根本的な主張は、「マネービュー」なるものが、この多次元的な危機の中心的な特徴をはっきり見通すために必要な、知的レンズを提供してくれるのだということだ。キャッシュフローがキャッシュの約束とぶつかり、信用システムの整合性、莫大な支払いの約束の網目が試され履行されるのは、マネーマーケットの日々の運用の中においてだ。この相互に絡み合った負債の約束（そのそれぞれは、不確実な未来についての大なり小なり不用意な約束だ）の網目は、まだ見えない向こう岸めがけて、私たちみんなが集合的に編み出す未知の未来への橋のようなものだ。銀行の銀行たる中央銀行は、その橋が最も弱い、現在と未来のちょうど最先端のところでその建設を見守っている。そこでは、ある支払い約束を果たせないと、それが他の支払い約束を大量に反古にしてしまい、おかげで網がまるごと解体してしまう。

中央銀行は見ているだけではない。介入もする。銀行の銀行として、中央銀行は自分のバランスシートを、現時点におけるキャッシュフローとキャッシュの支払い約束とのバランスを管理する手段として使える。「最後の貸し手」というのは、中央銀行が一時的に自分の現金を提供して、そのままでは満たされなかった約束を果たすという一例だ。「銀行金利政策」は、この種の介入を危機時だけでなく平常時にも提供して、危機が起こる前にそれを防ごうとするものだ。マネーマーケットに介入することで、中央銀行は少しだけ柔軟性を提供したり、少しだけ規律を提供したりして、その状況に応じて緩和や引き締めを行う。

１世紀前、ＦＲＢが１９１３年に創設された頃には、この「マネービュー」的な考え方はごく一般的だったが、今日の経済議論は、二つのかなりちがった見方に支配されている。一つは**経済学の**見方だ。これは決然とお金のヴェールを見通して、現在世代の見通しが、**過去の**世代による実物資本財への投資にどのように左右されるかを考える。その一方で**ファイナンス**の見方がある。これは空想上の**将来の**キャッシュフローを、現在へと割り戻すことで資本財の現在価値評価を行うことに専念している。

この経済学の見方とファイナンスの見方が出合うのは現在だ。そこでは、過去の実物投資から生じたキャッシュフローが、想像された未来への期待で行われたキャッシュ支払いの約束と出合う。この**現在**こそが、マネービューの自然な領域となる。だが、経済学とファイナンスはどちらも、お金を捨象してしまう。その両者にとって、お金は単なる壁の裏の配管でしかなく、あって当然のものと思われている。どちらも、至るところに生じるキャッシュフローを、最も必要とされる現金支払いの約束へと流し込むために機能している高度な仕組みをほとんど無視している。結果として、経済学ビューもファイナンスビューも、私たちがいま直面した危機を理解するのにあまり適していない。この危機は、重要なお金の配管が壊れ、おかげでその他の仕組みが道連れになりかけた危機だからだ。

経済学ビューとファイナンスビューは、それぞれ順番に戦後の経済議論を支配してきた。まず、第二次世界大戦終結直後の数十年では、経済学ビューが優勢だった——大恐慌と世界戦争の後では無理もない。民間も公共も、過去の基盤に基づいて現在を作り上げた。それは、戦争のほこりが収まったあとで、残っていた唯一のしっかりした基盤だったのだから。だがその後、最近になってファイナンスビューが勢いを増した——過剰すぎるほどに、というのは今回の危機が示したとおり。民間も公共も、未来について妄想じみた夢を描き、金融市場はその夢が現実となるチャンスを与えた。

この経済学ビューとファイナンスビューの長期支配の結果、現代の政策担当者たちは、インターバンク決済システムにおける規律と弾力性のバランス管理というＦＲＢの歴史的な使命を見失ってしまった。バジョットの時代には、イングランド銀行は「銀行金利」というのが支払い期日を将来へと押しやる費用なのだというのを理解していた。イングランド銀行がその費用を操作することで、債務残高の返済を加速するか遅らせるかというインセンティブが生じたし、新規の信用創造を加速するか遅らせるかというインセンティブもできた。いまはちがう。今日の政策担当者たちは、中央銀行の仕事というのは単に、キャッシュフローの**タイミング**についての懸念すべてを、一切なくすことだと考えている。マネービューは他の視点に覆い隠されてしまった。

経済学ビューもファイナンスビューも、お金を捨象してしまった。だから実質的に、流動性を無料の財として扱うことになった。そしてそれ以上に、そんな理念的な世界についての自分たちの理論を、金融政策の常態として提示するようになってしまった。その理念によれば、流動性には希少性なんかない。金融システムの利用者はすべて、期間をまたがる予算制約に基づいて意思決定を行うはずで、目先の現金制約なんかには囚われないはずだ。理念的には、お金は根底にある実物生産経済プロセスを隠すヴェールでしかないはずで、中央銀行の仕事は、その理念にできるだけ近づけることだ、というわけだ。金利は時間の価格であり、流動性の価格ではあってはならないことになる。

危機の教訓

今回の金融危機の教訓の一つは、この理念的な常態というのが行きすぎだ、というものだ。お金についての私たちの考え方は、経済学ビューやファイナンスビューを定式化するモデルの性質を、現実世界の性質と取り違えてしまった。これは知的なまちがいだが、大きな実務的な影響を持っていた。その最大級の影響は、金融政策のど真ん中に、過剰な弾力性偏重バイアスを持ち込んでしまうということだ。そのバイアスが資産価格バブルを作り出し、それが現在の危機を作り出したし、現在の危機が教えてくれる教訓を学ばない限り、次のバブルに油を注ぐことになる。

　どうしてかつてはきわめて通例だった知識が失われてしまったのだろうか？　この知識は、古いマネービューからきた知識だった。本書はそのマネービューの起源を、善意のアメリカ経済学者ハロルド・ムールトンまでさかのぼる。彼は１９１８年に、資本形成には市中銀行が重要だと主張した。ムールトンによると、アメリカの銀行は当期の現金ニーズに対応するために、短期の商業融資の「自己換金」特性に頼るのではなく、長期証券保有の「シフト能力」（または売却能力）に頼っているので、古くさいイギリスのやり方を改善したのだという。この銀行業の手法変化は、アメリカの銀行が長期投資の資金調達に参加できるようにした。そしてこの参加は、アメリカの資本発展にきわめて重要だった。当時、ムールトンのシフト能力理論は、過去の保守的な銀行ドクトリンと決別したがる人々に知的な裏付けを与えた。そして、過剰な規律から、もっと適切な弾力性へとバランスをシフトさせるのに役立った。だが、その影響はそれにとどまらなかった。

　本書は、ムールトンのシフト能力ビュー（これは他の何よりも不景気と戦争の影響だった）が、やがては現代の言説におけるマネービューのほぼ完全な消滅をもたらした話をする。今日の政策担当者たちは、完全な流動性を持つ理想システムで成立するような金利に注目する。規律と弾力性とのバランスを見張る代わりに、現代の中央銀行は銀行金利を理想的な「自然利子率」と整合させようとする。自然利子率という表現はスウェーデンの改革派経済学者クヌート・ヴィクセルによる[2]。

　マネービューを持っていた人々とはちがい、ヴィクセルは学者だったので、民間信用に本質的な不安定性があって、中央銀行がそれを管理すべきだなどとは思っていなかった。彼が見たのはむしろ本質的に内在する安定性で、中央銀行はそれの扱いをまちがいかねないのだ、と思っていた。ヴィクセルによると、資本の利潤率は、経済がその率で均衡に達するという意味で「自然利子率」なのだった。問題が生じるのは、中央銀行がこの自然利子率とはちがう「金利」を選ぶときだ。低すぎると、その差は信用拡大のインセンティブとなって、新規の資本投資の資金源となり、その新規の支出が物価の一般水準を押し上げる。価格が上がると収益性が高まって、融資の信用力も高まるから、さらなる信用拡大のインセンティブができて、それが持続不能な累積的な上昇スパイラルをもたらす。

ヴィクセルの学術的な世界観は、金融政策にとって明確な意味合いを持つ。金利を自然利子率に一致させたら、あとは下がって市場に任せろ、ということだ。残念ながら自然利子率は観察不可能だが、物価は観察できるから、それを見れば金利が高すぎるか低すぎるかわかる。もし物価が上がっていれば金利は低すぎるから利上げだ。物価が下落しているなら金利は高すぎるから、利下げだ。古典的なイギリスのマネービューとはちがい、ヴィクセルは中央銀行がマネーマーケットの状況を細かく見る必要はないと語る。単に物価水準だけ見ていればいいのだ。

現代の定式化だと、新ヴィクセル派的な政策ルールは、ちょっとちがう分析基盤から出てきたもので、政策の指標は物価水準ではなく、物価インフレだ[3]。だが発想は同じだ。中央銀行は、マネーマーケットの状況なんか見なくていい。物価を見て、それにあわせて金利を調整すればいい。この種の現代的な定式化の一つは、通称テイラールールで、インフレだけでなく総所得水準も使って、金利の適切な設定指標としている。スタンフォード大学の経済学者ジョン・テイラーは、現在の危機の原因は、ＦＲＢがこういうテイラールールに従わず、２００２～２００５年の４年にわたり、金利をテイラールールの水準以下に抑えたからだと言う。バブルがそれで膨れて２００７年に破裂したんだ、というわけだ[4]。

根底にある問題が過剰な金融緩和だったというテイラーの結論は、古いマネービューと整合している。だがマネービューなら、起きたことを理解するためにＦＲＢの行動だけでなく、民間信用市場での出来事にも注目しただろう。マネービューの観点からすると、信用市場では不安定性が自然な傾向であり、それも決して金融の管理が不適切だったせいではない。バジョットの有名な言葉だが「お金は自分で自分を管理はしない」。だが流動性制約をなくすのが仕事だと思っている中央銀行は、この自然な傾向に拍車をかけて不安定性をもたらす。というのもそれは、個人を制約してその市場行動を調整したはずの、規律の主要な源をなくしてしまうからだ。私たちが直面している問題は、ＦＲＢが適切な新ヴィクセル型のテイラールールに従わなかったということではなく、新ヴィクセル型政策ルール自体が、緩和に偏りすぎているということなのだ。

重要な点として、こうした偏りは、マネービューがもともと開発された状況では不可能だった。これは19世紀の金本位制の下ということだ。そうした状況では、緩和しすぎたらすぐに黄金が流出し、国際為替市場における金兌換性の維持が脅かされる。金本位制の崩壊と、それがドル本位制に置き換わったことで、アメリカの金融システムはそんな準備高の制約に直面しないでよいことになった。ここにマネービュー衰退のさらなる制度的な基盤が見られる。

もちろんＦＲＢは、そうした準備高の制約を方針として課すことはできた。だが一般にはそうしなかった（１９７９〜１９８３年のボルカー議長の話が唯一の大きな例外だ）。これを政策的に選ぶためには、経済学ビューと、それに続いてファイナンスビューが提供する知的な支援が不可欠だった。壁の裏の配管を捨象して消してしまうことで、古いマネービューが推奨したはずのものとは系統的に対立する政策的な立場への学問的な支持が得られた。経済学ビューとファイナンスビューの支配のせいで、政策立案者が選ぶ政策オプションが、緩和に偏るものとなっていった。

そうは言ったものの、金本位制の過剰な規律からの解放は、まちがいなくよいことだったし、それを考えるとバジョット時代のマネービュー復活は、経済的思考において現在の危機に対する解決策にはならないということになる。過剰な規律への偏りは、現在の過剰な柔軟性への偏りへの回答にはならない。むしろ必要とされるのは、古代の中央銀行に見られた、規律と弾力性との間のバランス配慮の復活だ。さらに、現代の経済と金融の世界は、マネービューが元々生じた世界から激変しているので、古代の叡智を復活させるには、現代の条件とバランス配慮の再構築を伴う必要がある。

本書は、決然とマネービューのアプローチを採用して最近の信用危機を理解することで、その再構築を始めようとするものだ。そして、その危機から将来への教訓を引き出そうとする。主要な教訓は、現代のマネービューではバジョットによる「最後の貸し手」という中央銀行の役割をアップデートする必要があるということだ。新ロンバード街の条件下では、中央銀行を概念化するには「最後のディーラー」と考えたほうがいい。

第1章 新旧ロンバード街

有名な金融不安定性仮説を構築する前の1967年に、アメリカの金融経済学者ハイマン・ミンスキーは、自分の分析の出発点を明言した。「資本主義は基本的には金融システムであり、資本主義経済の特異な行動属性は、システム行動に対する金融の影響を中心としている」[1]。この観点からすると、現代資本主義の中心的な制度機関は金融機関だということになる。金融機関は、自分のバランスシートへの現金の出入りを管理するのが仕事だ。そして、そうした金融機関の筆頭が銀行で、日々の現金の出入りは現代の支払いシステムの仕組みとなっている。

他のみんな――家計、企業、政府、国全体ですら――もまた金融機関だ。というのも他に何をやっているにしても、自分の活動が日々のキャッシュフローに与える影響を考えねばならないからだ。実際この日々出入りするキャッシュフローは、私たちそれぞれが大きなシステムとつながる重要なインターフェースだ。このインターフェースのおかげで、人々はそれなしには不可能な将来への夢を、今日追求できるようになる。でもその対価は、将来の支払いの約束をすることだ。もし夢が成功しなければ、その約束は将来の独立性を大なり小なり厳しく制約することになる。現在の信用が持つ誘惑的な魅力と、将来の負債が課す押し潰すような負担は、同じ生き物の二つの顔となる。

信用は本質的に不安定

信用の二面性は、個人レベルだけでなく、システム全体のレベルでも登場する。というのも、だれかに入るキャッシュフローは、別のだれかから出るキャッシュフローだからだ。もし信用の魅力により、ある人が消費を増やしたら、その直接の結果は、システムのどこか他の場所の所得が増えることだ。その所得も追加の支出に使える。同様に、負債の負担でだれかが支出を減らしたら、直接の結果は他のどこかで所得が減ることで、つまりは支出も減りかねない。このバランスシートの相互作用は、イギリスの金融経済学者ラルフ・ホートレーが信用の本質的な不安定性と呼んだものだ[2]。彼の見方だと、中央銀行の主な仕事は信用バブルがそもそも発生しないようにして、その後に必然的に続くバブル崩壊を避けることだ。

でも別の観点からすると、信用の本質的な不安定性は悪いことばかりではない。バブルが膨らむ間は、実物が作られるし、新技術が実装されるし、生産能力は拡大する。オーストリアの経済学者ヨーゼフ・シュムペーターはいつも、信用は「創造的破壊」のために不可欠だと主張した。

これこそが資本主義のダイナミズムの源だ。というのもそれは、新しいものが古いものからリソースを奪い取る重要な仕組みを提供するからだ。この観点からすると、不安定性は成長と不可分だし、不安定性を抑えようと介入する中央銀行は、成長途上の新しいものの足を引っ張り、衰退しかけた古いものを温存することで、成長を殺す危険性がある[3]。

だからあらゆる具体的な事例について、問題が生じる。ここで見ているものはホートレー的な投機バブルとして抑えるべきか、それともシュムペーター的なダイナミックな成長としてそのままにしておきたいか？　この問題が答えにくい理由の一つは、信用バブルには通常はどっちの要素もあるからだ。だからこそ人は、投機的な信用と生産的な信用を区別したがり、信用をできれば後者に向ける方法を探そうとする。でも実際には、この区別はなかなかつけられず、さらにもっと問題な点として、信用の配分でそれを区別するのはしばしば不可能だ。後者の点で言えば、ファイナンスの制度構造が、規制構造も含めてとても重要になる。もし潜在的な借り手や貸し手がお互いを見つけて、当局の手の届かないところで取引していたら、そもそもいい信用だけ見分けられ、その見立てにみんなが合意できたとしても、信用を社会的に望ましい利用だけに優先配分するのは不可能になる（この場合には、**総**信用のコントロールさえかなり難しくなる）。

いまの分析だと、システム全体としてあてにできる唯一の統制力は、銀行の銀行たる中央銀行の役割だ。銀行が金融機関の筆頭格なのは、そのリテール決済システムの管理のおかげだとすると、中央銀行が銀行の筆頭格なのは、銀行自身が使う決済システムを管理しているからだ。ある銀行が別の銀行に支払いをすると、そこに関わる仕組みのせいで、中央銀行のバランスシートの項目に変化が生じる。支払い側の銀行には借方記入が生じ、支払われるほうの銀行の口座には貸方に記入が出る。ここでは、中央銀行の帳簿で純支払い額を決済する要件のおかげで、仕組み全体の究極の規律の場が生じる。

ハイマン・ミンスキーはこの要件を「生存制約」と呼んだ――現金の入金は、現金の出金をまかなえるだけの量が必要だ。銀行にとって、生存制約は具体的には「準備金制約」の形を取る。というのも銀行は中央銀行の準備口座を使って純支払い額の決済を行うからだ。中央銀行が、もっと大きなシステムに対して行使できる統制力は、究極的には支払いに十分な資金を持たない銀行が中央銀行から借りるしかないというところからきている。そうした場合、中央銀行が貸さないと、支払いシステムが崩壊しかねない。だがその融資は安くなくてもいいし、簡単でなくてもいい。必要なときに中央銀行が価格と資金の提供を左右できるからこそ、システム全体への統制力も生じている。

そうした統制の機会は、ときどき自然に生じる。というのも支払いパターンの変動があるからだ。だが中央銀行は必要に応じて、そうした機会を自分で作り出せる。だから中央銀行が短期国債を売って「お金を引き締める」と、結果として銀行システム全体が、中央銀行に支払いをすることになり、これはすべての銀行が直面する生存制約を引き締めるに等しい。あるいは中央銀行が短期国債を買って「お金を緩和」すると、結果として銀行システム全体が中央銀行から支払いを受け取り、生存制約も緩む。こうした中央銀行介入の影響は、今日が期日の支払いを銀行が将来に先送りする費用としての、短期金利にあらわれる。歴史的には、中央銀行の腕前は、金利を上げるか下げるかの選択をめぐるものだった。

中央銀行が、日々の清算で銀行の直面する規律や弾力性の度合いを左右できるので、信用システム全体にある程度の統制はかけられる。でもその統制は決して絶対的ではない。民間信用の弾力性は常に公的信用弾力性の代用品だ。規律をかけようとして中央銀行がせいぜいできるのは、時には別の民間信用チャネルを見つけて使うように仕向けることだったりする。同様に、弾力性を持たせようとしても、中央銀行にせいぜいできるのは、崩壊する民間信用の代替物として自前の公的信用を提供することでしかないこともある。

　だからこそホートレーは中央銀行の「腕前」と表現し、「科学」「工学」とは言わなかった[4]。中央銀行はバランスシートを使い、民間市場の規律がなさすぎるときに、少し規律を増すことはできる。またバランスシートを使って、民間市場が過剰な規律を強いているときに少し弾力性を持たせることもできる。だが中央銀行と言えども、一つの銀行でしかないし、最終的には相手にするシステムに比べれば小さいし、特に民間信用市場がすべてつながって、統合されて一つになっている現代のグローバル金融システムではそれが顕著だ。中央銀行が全能ではないので、政策介入は慎重に選ぶのがきわめて重要となるし、対抗しようとしている不安定性の起源は十分に理解する必要がある。

　ホートレーによると、信用の本質的な不安定さの源泉は、一部の人が信用で資金調達して支出を行うと、それが直接的に売り手の所得を増やすだけでなく、間接的にも買ったものの価格を押し上げ、その財の既存在庫の価値を高めることで所得を増やすことなのだという。在庫保有者にとってのキャピタルゲインは、追加支出を刺激することになる。需要増加に先回りして買いだめしておき、将来の価格上昇で追加の儲けを得たいから、というのが理由の一つだ。既存在庫の再評価は信用力を高めがちなので、この追加支出の資金も、最初の支出よりも容易に調達できてしまう。資産価格上昇と信用拡大のフィードバックループこそが、信用の本質的な不安定さの原因だとホートレーは強調した。

価格と信用のフィードバック機構は、信用バブルを抑えにくい原因でもある。というのも、このせいで中央銀行の金利政策は時に、ほとんど効果が出ないからだ。投機屋にとっての問題は、根底にある資産の値上がり率が、金利より高いかどうかだけだ。そしてこの条件が満たされることは多い。住宅価格が年に15％値上がりしていたら、そのバブルを抑えるには金利は15％以上にしなければならない。中央銀行がこんなに高い金利を実現できたとしても、15％だと他にいろいろ潰されるものが出てくる。結論として、バブルを早めに潰さないと、金利政策ではどうしようもなくなるかもしれない。

一方、バブルが膨らめば、それだけ信用の配分の歪みも拡大し、つまりその信用が左右する実物リソースの配分も歪む。15％というバブルの見通しは新しい信用を必要以上に惹きつけるだけでなく、あらゆる信用価格を競り上げる。借り手も貸し手も、市場金利が上がることになり、中央銀行はそれに追いつくために政策金利を上げるしかない。やがて、金利が15％に達するはるか前に、高い市場金利の影響が経済全体で、バブルでないバランスシートにも影響し、そうした影響でバブルは終わる。

その仕組みはこんな具合だ。高金利は借り手の現金流出が増えるということで、やがて借り手の中でも弱い人々は、現金の流出が流入より大きくなる。そういう弱い債務者は、ミンスキーの生存制約にだんだん縛られる。論理的には、出口は三つしかない。まず、手持ちの現金残高を使うことだが、限られたものだからすぐに使い果たされる。次に、不足分をカバーするために借入れをすればいいが、融資も限られるし、信用力が下がるとそれも収縮してしまう。第三に、収益性資産を手当たり次第に市場で叩き売ればいい。通常、この三つの方法はこの順番に試される。債務者はシステムの中で、他のだれかのバランスシートがいちばん弱い鎖になってくれればと祈るからだ。重要な点は、遅かれ早かれ資産価格が圧迫されてくるということだ。それも15%で高騰していた資産だけでなくあらゆる資産価格がそうなるし、特にまっ先に清算せざるを得ない弱い債務者の資産が下がる。

　これが起きると、流動性の問題（生存制約）は債務超過の問題になる。これは特にレバレッジの大きい金融機関で顕著だ。支払い約束を守るために資産を売却することになるし、そうでなくても、そうした資産の価値評価を引き下げて、現在の市場価値を反映させねばならない。レバレッジの高い機関では、資本ベースよりも金融債務が何倍にも及ぶので、ごくわずかな価値評価引下げでも紙の上では債務超過になる。債務超過になる前ですら、資産の価値引下げはすぐに、深刻な流動性の問題を引き起こす。担保価値が減ればそれだけ融資可能額も下がるからだ。流動性と債務超過の問題は、下降期には相互に強化し合う。信用拡大と資産評価が上り坂のときに強化し合うのと同じだ。これが信用の本質的な不安定性の負の側面だ。

　上り坂だと、すでに述べたように、中央銀行はあまり力がない。借り手と貸し手は中央銀行の規律を避けるという点で利害が共通しているからだ。下り坂には、同じような相互の利害のため、いまや市場の規律を避けたいと思う貸し手と借り手は、信用の弾力性の最終供給源として中央銀行のところにやってくる。「最後の貸し手」的介入というのは、他のだれも信用供与しない（できない）ときに、中央銀行が融資するということだ。実質的には、中央銀行は投機の現金流入を提供することで生存制約を和らげ、借り手の破滅の日を先送りする。こうした介入は賢明に使えば、下り坂を抑えてそれが大洪水になるのを避けられる。賢明でない使い方をすれば、そうした介入はさらに不健全なバブル条件の温存をもたらす。危機でも平常時と同じく、中央銀行の腕前は、多すぎる規律と多すぎる弾力性の間の微妙な一線を維持できるかどうかで決まる。

旧ロンバード街

中央銀行による統制の影響力と有効性はどちらも、銀行システムの制度的な組織に決定的に依存しているし、もっと一般的には中央銀行が金融システムをどこまで理解しているかにもよる。ウォルター・バジョット『ロンバード街』は、こうした問題を当時のロンドンのマネーマーケットについて検討した。当時の制度的な仕組みは、重要な点で現代とはちがっているものの、それでも出発点としては有効だ。というのもバジョットが引き出した結論は、いまもみんなの考え方を形成しているからだ。現在の危機で中央銀行家たちを導いたバジョット原則は、19世紀のあの本に起源があるのだ。

今日ではバジョット原則は「好きなだけ貸すが高金利で」とまとめられている。バジョット自身の言葉はこうだ（邦訳、216-17ページ）。「その目的とは、恐慌を食い止めることである。この目的のために二つの原則がある。第一に、これらの貸付は非常に高い金利のみで実施すべきである。（中略）第二に、この高金利の貸付は、あらゆる優良な担保に基づき、また大衆の希望にすべて応じられる規模で実施すべきである」。なぜバジョットは、これが自分の世界にとって賢明な政策だと考えたのだろうか。そしてなぜこれはいまだに、現在のまったくちがう世界でも賢明な政策なのだろうか？

バジョットの世界は、手形と呼ばれる短期商業信用証券に基づいていた。企業は手形を振り出して、自分たちの生産プロセスの投入物を買い、産出に対する支払いとして手形を受け取った。手形はある決まった将来の時点で支払いを行うという約束だ。たとえば、90日後に支払う、というものだ。銀行は手数料を取って手形を「引受」する。つまりは支払いを保証する。さらに手数料を取って、銀行は手形を「割引」する。つまり額面以下の金額で買い取るということだ。この差額は、満期までの期間に稼ぐ金利に相当する。この手形に対する支払いとして、銀行は通貨を渡すか、預金口座への入金を提供する。いずれにしても割引で得られた金額は、預金残高としてじっと保有されることはなく、通常は他の満期証券の支払いに使われる。このような形で、この割引の仕組みはイギリス企業の日々のキャッシュフローの出入りを管理するのに不可欠だった。

理想的には、振出しから満期までの90日の間に、手形を振り出した企業はそれで入手した投入を使い、売れる製品を作り、その売上げを使って満期になった手形を返済する。だから期日どおりの返済は、その手形で資金調達された製品のタイムリーな販売に依存することになる。期日どおりに返済されるなら、銀行業は手形のポートフォリオを管理して、キャッシュフローの入り（満期の手形からのもの）と出（新規の割引）のタイミングを一致させるのが主な仕事となる。だが不渡りを出す企業があると、それを引受した銀行は現金不足に陥る。

この仕組みだと、銀行は自分の日々のキャッシュフロー管理を、顧客に対して提示する割引率の管理で行った。もし割引要求で現金準備が底を尽きそうなら、割引率を上げれば企業は他の銀行に行く。満期の手形で現金準備が膨れ上がったら、割引率を下げて利息支払い企業をもっと惹きつければいい。こうすることで、市場金利は需給に合わせて変動した。新規割引の申込みが返済より先走っていたら金利は上がったし、収支が逆なら金利は下がる。

　この制度的な文脈の中で、イングランド銀行は中央銀行管理の原理を開発し、それが現代の金融理論の基盤となった。バジョットによると当初イングランド銀行は、単に自分が銀行の一つでしかなく、自行の事業収益性についてのみ株主に責任を負う存在であって、システム全体に対するそれ以上の責任などないと思っていた。こうした考え方に基づき、イングランド銀行は割引率を市場に合わせて変えて、自分として正当なだけの割引ビジネスを獲得しようとした。

　だが何度も金融危機を体験するうちに、やがてイングランド銀行は、システム全体の現金準備の中央保管所になっている限り、他の銀行とはちがうのだという教訓を得た。全般的な危機が起きたら、あらゆる銀行はイングランド銀行の助けを求め、そうしたときに備えるべく、イングランド銀行は自分の準備金を安全なだけ確保しなければならなかった。つまり自分の割引率をいつもは市場金利より高めに設定しておくということだ。そのために割引事業と、ひいては株主の利益を少し犠牲にしても仕方ない。

　この文脈で見ると、バジョット原則は、危機がやってきたときの対応方法について、苦労して獲得された実務的叡智の結晶だ。危機の直接の原因はいろいろあるが、イングランド銀行から見れば、それは常に巨額の、しばしば唐突な現金要求という形になる。当期の売上げが少しでもギクシャクしたら、振出人が満期手形を支払えなくなる。すると引受銀行は、自分の財布でそれを埋め合わせしなくてはならない。そのためには、イングランド銀行に持つ準備金を引き出すことになり、それが不十分ならもっと借りることになる。

その状況でイングランド銀行が貸せなければ、手元不如意の銀行は約束を果たせず、銀行からの支払いをあてにしていた人々も、やはり自分の支払い約束を果たせず、それがどんどん続いて、経済すべてに支払い不能のカスケードが生じる。バジョット原則は、手元不如意の銀行に対して、平常時に使えるあらゆる担保に対する完全に弾力的な融資を行うことで、潜在的なカスケードを止めるよう設計されていた。だが、高い金利をかけることで規律も提供するように考えられていた。本当に現金が必要な人々だけが高金利で借り入れる。そしてその高金利は、なるべく早く返済するインセンティブにもなる。

危機における弾力的な融資の問題は、それがイングランド銀行の銀行券準備高を枯渇させかねないということだった。１８４４年ピール銀行法の規定では、紙幣発行は固定され、追加の紙幣は追加の黄金準備による１００％の裏付けが必要だった。通常なら、イングランド銀行は発行紙幣の相当部分を銀行部門の預金に対する準備高として保有しているし、そうした預金が銀行システム全体の準備金として機能した。危機になれば、現金需要に対しては現金準備（銀行券）を払い出し、現金代替物（預金）の供給を拡大する。危機が終われば、緊急融資が返済され、緊急の現金代替物が取り消され、銀行の現金準備はまた元に戻る。これがあるべき姿だったし、実際これは機能した――危機がイギリス国内で収まっている限り。

弾力的な融資の仕組みは、危機が国際的な次元を持つようになると問題にぶちあたった。そしてこれは、世界の貿易システムにおける英ポンドの中心的な役割のため、実によくあることだった。商人たちは、国内生産の資金調達と同じ手形を外国貿易の資金調達にも使った。そしてこれは、イギリス商人同士や、イギリス商人とその相手の取引だけではなかった。外国同士の取引でもそうした手形が使われた。世界中どこにいても、何かを輸入したければ、ロンドンの銀行のどれかが支払う手形を発行するのが通例だし、相手はその手形を満期前に割り引いてもらい、自分の支払い義務を果たすための現金を手に入れた。

問題は、外国人は紙幣や預金を支払い手段として認めなかったということだ。黄金を求めたのだ（仕組み的には、支払いには紙幣が要求され、その紙幣がイングランド銀行の発行局に持ち込まれて黄金と交換された）。外国での現金需要の影響は、こうしてイギリス国内の通貨供給を減らし、さらにもっと重要なこととして、イングランド銀行の黄金保有を枯渇させてしまう。その黄金は、イギリス全体の準備高のはずだったのだ。

企業や銀行だけでなく、国も日々のキャッシュフローの出入りに注意する必要があった。金本位制の国にとって、それは黄金の出入りを毎日気にかけるということだ。イギリスにとって、黄金の出入りというのは、満期となる国際手形の支払い（黄金の流入）と、新規の割引要求（黄金の流出）のバランスが大きな話だった。だからロンドンでの金利は、国内の均衡や不均衡だけでなく国際的な均衡の症状でもあった。そして、ロンドンのマネーマーケットではイングランド銀行が中心的な役割を果たしたから、同行の準備高は基本的には国内準備にとどまらず国際的な準備でもあるということだった。通常なら、黄金がイギリスから流出していたら、イングランド銀行は割引率を引き上げて、新規の割引の魅力を下げた。これにより支払い収支はイングランド銀行の望む方向に向かった。危機のときにバジョットが推奨した高金利は、資金を最も必要とする人に限るだけでなく、潜在的な黄金の流出から国の準備高を守るための安全弁でもあった。

バジョットが執筆した１８７３年頃には、イングランド銀行は**国内では**最後の貸し手役に慣れていた。そしてこれがバジョット原則の主眼だった。だが、同行は**国際的な**最後の貸し手役にはまるで慣れていなかったし、バジョットもそんな役回りは推奨しなかった。彼にとって、弾力性は国内融資だけの話だ——国内のためなら、イングランド銀行は黄金準備を守ったりせず、最後の一ファージングまで動員すべきだ。だがそうしたファージングが、黄金をよこせという外国人の手に渡るようなら、イングランド銀行は止めねばならない。国内での枯渇に対応して預金を増やすことはできる。でも外部からの枯渇に対応して黄金を作ることはできないのだ。危機になったらイングランド銀行は、紙幣に対する黄金準備の必要要件を停止できたし、また実際にそうした。これで外国人への支払い用に黄金の手持ちを動かせるようにはなった。だがそのバッファが使い果たされたら、金兌換を停止するしかなかった。

明らかに理想的な解決策は、外国人にも国内住民と同じように行動するようにさせることだ。つまり黄金ではなく、ポンドの残高（預金や証券）を受け取るようにさせるということだ。イギリスの最も重要な植民地領土はすでにそうしていた。これは若きジョン・メイナード・ケインズが処女作『インドの通貨と金融』（１９１３）で指摘したことだった。ケインズによると、インドの例が示しているのは、黄金とポンドの交換システムがもっと一般化した国際金融問題の仕組みとしても機能するということだ。だが第一次世界大戦と大恐慌、第二次世界大戦はその夢を潰してしまった。ほこりが落ち着いたときに代わりに登場したのは、１９４４年ブレトン・ウッズで確立した、黄金＝ドルの交換システムだった。アメリカが金兌換を放棄すると、１９７３年にそれは単なるドル本位制になった。

新ロンバード街

現代世界はバジョットの世界とはちがう。それはドルとＦＲＢがポンドとイングランド銀行に取って代わり、金本位制がドル本位制になったから、というだけではない。私たちにとって、マネーマーケットで最も重要な証券は、手形ではなく「再購入契約」またはレポと呼ばれるものだ。レポはバジョットの世界とはちがい、最終販売に向けた実物財の進捗の資金源として発行されるものではない。何か金融資産の保有資金を得るのに使われるものだ。

正式には、その根底にある金融資産は、短期融資の担保として機能する。短期というのは、オーバーナイトくらいのことが多い。「再購入」というのは、短期融資がある資産の販売と、その資産を元の販売価格に金利を加えたもので買い戻す合意の組み合わせとして構築されている、法的な仕組みを指す。元の販売価格は、その資産の市場価格に比べて「ヘアカット」と言われる分だけ低い。ヘアカットの狙いは、この融資の担保を増やすことだ。だからヘアカットの規模は、担保で使われる資産のリスクとされるものに応じて変わる。最低のレポ金利と、最低のヘアカットは、融資担保が短期国債の場合だ。

私たちの世界では、国債レポ市場はマネーマーケットとＦＲＢとの主要なインターフェースという特別な役割を果たす（ここでは金融危機以前の状況を説明している）。ＦＲＢはこの市場に、通常は貸し手として参加し、ハイパワードマネー（ＦＲＢへの預金）の短期融資を、短期国債の担保と引換えに提供する。その日によってＦＲＢは、レポ融資残高がそのまま消えるに任せて追加を出さないことで、「お金を引き締める」こともあれば、新しい巨額の融資を提供して「お金を緩める」こともある。こうした融資の直接の相手は「プライマリーディーラー」と呼ばれる存在だ。彼らは、財務省が新規の国債発行をしたいときには、必ず短期国債に応札すると約束しているので、そう呼ばれている。通常なら、ディーラーが日々のレポオークションでＦＲＢから借りる資金は、彼らの主要な業務の安上がりな資金源となる。その業務というのは、国債について売買のオファーを出すことによって、国債の双方向市場を作り出すということだ。

　プライマリーディーラーの特別な地位は、第二次世界大戦の遺物と思えばいい。アメリカ政府は大量の国債を発行して、自分の戦費だけでなく、連合国の戦費までまかなった。戦争が終わっても、戦争国債は残った。家計のバランスシートに残ったものは住宅や自動車を買うのに使われたし、企業のバランスシートにあるものは、戦時生産から平時生産への転換資金を得るのに使われた。銀行は、それを民間融資の資金源として使った。こうした債権者たちはみんな、国債をすぐに使える現金に換えられる必要があった。つまりは、証券会社が提供する双方向の市場が不可欠だったということだ。

　戦争とその直後にＦＲＢは、国債価格を直接固定して、その固定価格で国債を現金に換えられるようバックストップを提供した。１９５１年にＦＲＢ＝財務省協定ができて、ＦＲＢはもう財務省証券の価格を固定しなくなった。でも国債市場への流動性支援は続けた。やがて、その役割さえプライマリーディーラーに移行した。ＦＲＢは、国債レポを通じた日々の操作で、彼らに流動性支援をしてディーラーたちを下支えするだけだ。

　ここで、新ロンバード街の仕組みが出てくる。バジョットの中央銀行は、割引率を使ってシステムを管理したが、ＦＲＢはフェデラルファンド市場†でのオーバーナイト融資価格に注目する。フェデラルファンド市場というのは、中央銀行での準備預金についてのインターバンク市場だ（オーバーナイトフェデラルファンド融資は、今日準備高の資金を受け取る代わりに、明日その準備高を返さなくてはならない）。ＦＲＢは、フェデラルファンド市場で直接貸し借りは行わないので、「実効」フェデラルファンド金利は需要と供給に基づいて変動する。ＦＲＢはむしろ、国債レポ市場を使い、フェデラルファンド市場で貸し借りされる、根底にある預金の供給をコントロールする。

　ＦＲＢは銀行の準備金を独占供給しているので、フェデラルファンド市場に対してはかなりの統制力がある。だがフェデラルファンド市場での条件と、もっと一般的な流動性供給との間にはかなりのズレがある。ＦＲＢは、巨大な一般担保レポ市場の中では小さなプレーヤーでしかない。この市場は、証券ディーラーたちがほとんどの活動資金を調達するところだ。そして、ユーロダラー銀行預金のオフショア市場には、ＦＲＢはまったく関わっていない。銀行はいつでもフェデラルファンドに代わるものとして、ユーロダラー預金が使えるし、実際これは世界で最も流動性の高いマネーマーケットへと成長した。レポ市場とユーロダラー市場の両方で、借り手と貸し手は出会い、ＦＲＢの手の届かないところで取引をする。[5] いつもながら、民間信用の弾力性は公的信用の弾力性の代替物になるし、しかも魅力的な代替物であることが多い。

　それでも、ＦＲＢのバランスシート操作は流動性の資金調達に確かに影響する。だから市場の

† 日本ではコール市場。

流動性にも影響する。これは証券ディーラーたちのリスク計算によるものだ。ディーラーは、ある証券を売買する価格を提示する――買値（ビッド価格）は、売値（オファーまたはアスク価格）より低い――そして、顧客の反応を見てその価格を調整する。ある証券で大きなポジションがたまってきたら、提示価格を下げる。このやり方の背後にある発想は、値段が魅力的な場合だけエクスポージャーを増やすようにして、リスクを抑えることだ。だが価格を下げると、買い手を惹きつけて売り手を減らすので、キャッシュフローをコントロールすることでもある。だから純売上げによる現金流入は増え、純購入を通じた現金流出は減る。

　実際のディーラー操作は、これよりずっと高度ではある。だがこの簡単な説明ですら、証券ディーラーがマネーマーケットの状況と広い金融市場の条件との間に、敏感なつながりを作り出していることは明らかなはずだ。因果連鎖の片方の端では、ＦＲＢがいてフェデラルファンド金利を設定している。反対の端では、民間ディーラーがマーケットメイクで利潤を得ようとする。民間ディーラーはマネーマーケットで借りて、資本市場におけるマーケットメイク操作の資金源にする。これにより、マネーマーケットでの「資金調達流動性」が資本市場の「市場流動性」に翻訳されるわけだ[6]。国債市場は、この市場流動性がまっ先に顔を出すところだが、それがかなり急速にアービトラージを通じて、他の市場にも効率的に広がる。たとえば社債市場や、もっと最近では住宅ローン担保証券の市場などだ（改めて言っておくと、これは２００８年金融危機の前の状況についての話だ）。

　バジョットの時代とはちがって、現代の条件だとＦＲＢの割引窓口は使われなくなった。個別の銀行が、日々の清算のときに支払い用の資金がいるなら、通常は卸のマネーマーケットで、他の銀行から調達する。そして銀行システム全体がお金を必要とするとき、そのお金は手持ちの証券を流動性のある市場で売ることで調達するのが通例だ。どちらのチャネルも、最終的にはある目標の周辺でフェデラルファンド金利を安定させるというＦＲＢのコミットメントにより、バックストップがかかっている。また、そのコミットメントを守ろうとして、国債レポ市場で融資するのもバックストップだ。極端な言い方をすると、現代の条件下では、中央銀行は**常に**求められるだけ貸しているが、相手はプライマリー証券ディーラーだけで、しかも国債しか担保に認めず、目標フェデラルファンド金利に対応した国債レポ金利でしか貸さない。

　このやり方で危機は防げるはずだった。仕組みとしては、ＦＲＢが求められるだけディーラーに貸し、あとはアービトラージが面倒を見るはずで、短期国債と長期国債のタームスプレッドが変わったり、国債と非政府債券とのクレジットスプレッドが変わったりして調整される。フェデラルファンド金利を引き上げれば、ＦＲＢはマーケットメイクの資金調達費用を引き上げられるから、負債圧縮が起こってスプレッドを操作できる。緩和すると、ＦＲＢは資金調達費用を引き下げ、売却圧力を減らし、またもスプレッドを操作できる。こんな具合に仕組みは動くはずだったし、実際問題として、２００８年危機までは本当にこれが機能していた。

　２００８年危機で、この仕組みは崩壊した。資産評価が疑問視されると、担保借入れのヘアカット分が激増した。国債ですらこれが起きたし、国債以外の証券ではそれがなおさら顕著だった。結果として債務圧縮が起こり、市場の秩序が消えた。[7] 問題は、民間信用市場では担保は時価評価であって、ファンダメンタルズの価値では評価されないということだった。平常時に担保として認められるあらゆる証券を担保に好きなだけ貸せ、というバジョットの主張は、中央銀行だけの原理だ。個別銀行は、そのときのとんでもない状況ですぐに売り払える証券だけを担保に融資するという、自分だけは助かろうというルールに常に従ってきた。今回も例外ではなかった。

民間流動性の激しい収縮に対してＦＲＢが乗り出した。融資を行う相手のカテゴリーを広げ、また受け入れる担保の種類も広げた。かつて卸のマネーマーケットでお互いを見つけていた、借り手と貸し手はいまや、ＦＲＢの仲介がないと出会えなくなった。結果として、まずは財務省証券を（以前の貸し手に）売り払って、（かつての借り手への）新規融資の原資にすることでＦＲＢのバランスシートは空っぽになった。続いて、預金負債を（かつての貸し手に対して）拡張し、そのあがりを使って追加の融資を（かつての借り手に対して）行ったことで、ＦＲＢのバランスシートは爆発的に拡大した。

危機に対するＦＲＢの対応は、部分的にはバジョット原則の現代適応版として理解できる。現代の制度的な仕組みとつながる用語で言い直せば、バジョットの主張は、中央銀行がマネーマーケットでの最後のディーラーとして行動しろ、ということになる。借り手と貸し手の両方に求めるものを提供するが、中央銀行のバランスシート上ではなく、直接出会っていた場合よりは不利な価格でしか提供しない。バジョットの考えと整合して、借り手は高い借入れ金利を払うし、貸し手は低い預金金利で我慢しなくてはならない。この借入れ金利と融資金利とのギャップのおかげで、借り手や貸し手はこの嵐が収まったら、再び自力で相手を見つけようとするインセンティブができる。要するに、バジョット原則は、中央銀行がマネーマーケットに巨大なビッド−アスク・スプレッドを提示して、そこから生じる注文のフローを吸収するのに、自分のバランスシートを使えという提言として理解できる。

ＦＲＢが危機対応で開いた各種の緊急流動性ファシリティで行ったのは、まさにそういうことだった。ＦＲＢのビッド–アスク・スプレッドは、必ずしもバジョットが願ったほど大きくはなかった。ＦＲＢは入札型ターム物資金ファシリティ（Term Auction Facility; TAF）ではフェデラルファンド金利目標に対してわずかなスプレッドしか課さず、預金負債には金利をつけた。だが他のファシリティのスプレッドはもっと広かったし、結果としてその残高はかなり急速に減少した――たとえばコマーシャル・ペーパー・ファンディング・ファシリティ（ＣＰＦＦ）や中央銀行スワップ・ファシリティなどだ。ここまではバジョットの処方箋どおり。

だがバジョットとちがったのは、金利の水準で、これはほとんどゼロに下がった。これができたのは、ＦＲＢは19世紀のイングランド銀行とはちがい、黄金による準備高制約に直面せずにすむからだ。世界中がＦＲＢのドル預金を、ドル通貨と同じものと見るにとどまらず、危機のときには究極の世界準備として見ている。これはつまりＦＲＢはイングランド銀行とはちがって、国内の流動性枯渇に対応するために国内ドルを作れるだけでなく、国際ドルも作り出して外部からの引き出しにも対応できるということだ。ＦＲＢは、フェデラルファンド金利を高止まりさせることで、世界準備高の手持ち分を守る必要などない。世界準備高はＦＲＢ自身の負債だからだ。

でもＦＲＢが準備高の制約を回避できるからといって、そうすべきだということにはならない。そうした回避が危機時ですら正しい政策かを疑問視するべき理由はあるし、まして平時となればなおさらだ。ホートレー的な立場からすると、危機が起きたこと自体が、それまでの年月におけるＦＲＢに対する有罪判決となる。ホートレーなら、現在の危機が信用拡大暴走の舵取りができなくなった中央銀行のせいだとすぐに理解できたはずだ。根底のところで、このバブルは過剰な弾力性と不十分な規律の問題であるはずだ。どうして信用の本質的な不安定性が、これほどまでに大きく広がるのが容認されたのだろうか？　ＦＲＢは何をしていた？

第２章

現在の仕組みの起源

金融思想は金融体験から生じるが、そこには長い遅れがあるし、その遅れの期間も一定しない。１９１３年の連邦準備法でアメリカに中央銀行ができたが、それですぐに新しい金融思想の伝統を確立できるわけもない。また手助けしてくれるようなアメリカ版ホートレーもいなかった。理由は単純で、第二合衆国銀行の憲章が１８３６年に失効するに任されたとき以来、アメリカ中央銀行というものが存在しなかったからだ。現代の金融システムの発端では、制度的な変化は劇的で急速だったが、思想の古いパターンが引き続き、世間と専門家の言説を縛り続けたのだった。

全米銀行システムからＦＲＢへ

１９１３年にアメリカ人たちが知っていたのは、中央銀行ではなく、全米銀行システムだった。これは南北戦争の資金調達の産物だ。１８６３年全米通貨法と、１８６４年全米銀行法は全米銀行券を作り出した。これは特別発行の政府債（金利２％）を担保として民間銀行が発行するものだった。この法律の主要な狙いは政府債の市場を作り出すことだったが、長期的な影響としては、紙幣通貨の供給が固定された。１８７９年に金本位制に戻ってからも、この全米紙幣に対する量的制約は続いた。この紙幣供給固定のおかげで、全米銀行システムは「通貨原理」に基づくものだと言える。この原理は、紙幣通貨というのを、政府が発行した名目通貨と同じものだと考える。こうした通貨が価値を維持できるのは、希少な状態が保たれているからにすぎないと思われていた。

この非弾力的な紙幣通貨の上には、潜在的には弾力的な預金通貨があった。これは「銀行原理」に基づくもので、預金通貨の価値を、もっとよい紙幣通貨（または黄金）への兌換性によりアンカーしようというものだ。当時の銀行理論は、商業融資理論とか、真手形ドクトリンとか呼び名は様々だったが、個別銀行は保有資産を「自己換金性」短期商業融資だけに限れば、何よりも重要な兌換性については何も心配いらないのだと示唆する理論となっていた。発想としては、定期的な融資返済が預金返済のためのしっかりした仕組みとなり、したがって世間が望んだ場合に預金通貨が収縮しても対応できるのだ、ということだ。この仕組みは個別銀行だけでなく、銀行システム全体についても機能するはずだった。銀行資産がもっぱら商業融資だけに限られていれば、信用とお金の供給は自動的に「取引の必要性」に応じて拡大収縮するはずだった。中央当局など必要ないはずだった。自己制御により、能動的な管理など不要になるというわけだ。

だが全米銀行システムは、この目算どおりには機能しなかった。アメリカの文脈だと、取引ニーズの最大の変動は季節変動だった。これは当時のアメリカがきわめて農業依存だったからだ。紙幣発行の非弾力性が、必要な準備比率の硬直性と組み合わさったため、預金を必要に応じて簡単に拡大縮小できなくなってしまった。個別の融資銀行は、新しく作った預金が支払いのためにシステム内の別の銀行に移転されると、準備高を失ってしまい、その準備を取り戻すのに借入れを行う必要が出てきた。収穫時には信用が全体として拡大するから、他の銀行も同じ準備金を手に入れようとして、卸の金利が押し上げられる。必要なときに準備高を獲得するのが難しいとわかった銀行は、余裕があるときにも過剰な準備高を持つようになり、それをニューヨークのマネーマーケットに送ったから、卸の金利は下がった。

だから準備高はいつも、キツすぎて金利を押し上げ、もっと弾力的な国際マネーマーケットから黄金の流入を惹きつけるか、緩すぎてニューヨークの株式投機の安い資金源になるかだった。結果として金利は規則的な季節変動を示し、そこに規則的な金融危機が１８７３年、１８８４年、１８９３年、最後に１９０７年に起きている。それぞれの危機で、銀行家たちは民間負債を担保にして、準合法臨時緊急通貨を発行することで、極度の準備高不足を回避した。１９０８年アルドリッチ＝ヴリーランド法は初めて、この緊急手順の法的な枠組みを作った。そして１９１２年の不首尾なアルドリッチ法に続いて、１９１３年連邦準備法はさらに先へ進んだ。[1]

連邦準備法の起草者にとって、全米銀行システムの問題は明らかに思えた。預金が十分に弾力的でないのは、準備高が十分に弾力的ではないからで、準備高が弾力的でないのは、紙幣発行が弾力的でないからだ。連邦準備法は、この三つの問題を一気に解決して、たまの緊急事態だけでなく、定期的な季節変動の問題にも対処しようとした。準備高の供給を弾力的にするため、この法律は各地に連邦準備銀行を創設し、商業融資の割引を行って、システムに準備高を追加させた。そして紙幣の供給を弾力的にするため、この法律は（弾力的な）商業融資を提供し、（非弾力的な）国債の代わりに紙幣発行の担保として使えるようにした。ある論者が述べたように、「このシステムを全体として見れば、全面的に弾力的な信用供給をもたらしてくれるものだとわかる。弾力的な紙幣発行、弾力的な預金、弾力的な準備高ができるのだ[2]」。

こうして連邦準備システムは、個別銀行のための商業融資理論が、中央銀行理論にも拡張できるという発想に基づいて作られた。金兌換性が新しい連邦準備紙幣の価値を安全に守るし、個別の準備銀行は、対応する資産が自己換金的な短期商業融資に限られていれば、預金負債を拡大してもまったく安全だ。準備銀行は本当に銀行なので、この標準理論の拡張はたぶん、それほど的はずれとは思われなかったはずだ。

もっと議論を呼んだ拡張は、使える担保としてもっと正統的な引受手形だけでなく、事業融資や農業融資を含めたことだった[3]。引受手形の場合ですら、危機のときには換金性があまりあてにならないことがわかっていた——だからこそ中央銀行が最後の貸し手として必要だった。だから自己換金できるかもわからない証券にまで担保を広げるのは、商業融資理論の根底にある基本原理からの重要な逸脱だった。だがその逸脱はとっくの昔に、イギリスの制度をアメリカの条件に適応させるときに実施されていた[4]。なんといっても、工業と農業は相対的に見て、イギリス経済よりはアメリカ経済でのほうがずっと重要性が高かったのだ。だから銀行を狭く商業取引中心にしぼるという発想は、アメリカではほとんど現実味がなかったし、特に工業地域や農業地域に立地する銀行ではなおさらだった。

こうした地元条件への重要な認識はあったものの、商業融資理論は相変わらず、生産的な信用と投機的な信用の間に一線を引こうとする起草者たちの試みとして知的な影響を及ぼし続けた。前者はＦＲＢでの割引対象で、後者はダメだ。この区別にこだわることで、起草者たちは意図的に、別の地元での展開を無視し、さらにはその発展を法制により消し去ろうとしていた。イギリスの銀行とはちがい、そして正統派銀行理論に反して、アメリカの銀行は昔から大なり小なり、運転資金だけでなく固定資本の資金調達にも深く関与してきた。結果として、ほとんどの銀行は債券や株式を大量に保有していたし、債券や株式を担保にした融資もしてきたし、住宅ローンや不動産の担保ローンも大量に持ってきた。こうした資産はすべて、正統的な銀行理論であれば貯蓄銀行や長期投資家たちに任せるものだ。

この資産構造のため、アメリカの銀行は日々の流動性を確保するのに、商業融資ポートフォリオの自己換金性ではなく、むしろ投資ポートフォリオを流動的な市場で「シフトできる」ことに依存してきた。他の銀行とのクレジットラインが防衛の第一線だ。だがその後、二次的な準備高としては高品質の債券が使われた。それをあっさり売却するか、それを担保にして借入れにより資金を得たり（レポ合意）するわけだ。こうしたシフト能力は、最終的には証券ディーラーなどの投機家たちが、銀行の売りたい資産を買ってくれるかどうかで決まる。そしてその投機信用なるものは常に、ディーラー事業の生命線だったのだ。だからＦＲＢに先立つ時代には、逆説的ながら生産信用ではなく投機信用のほうが、ほとんどのアメリカ銀行にとって流動性の源になっていた。起草者たちはこれを知っていたが、それを潰すべき問題の一部としか思わなかった。

　実のところ、起草者たちが法制面で最善を尽くしても、この法律は地元の「人工的」流動性を理想的な「自然」流動性で置き換えるのに成功しなかった。むしろこの法律は、危機になれば資産の特定の一部、商業融資だけがＦＲＢに押しつけられることを明確にしたにすぎない。そして、銀行がそれまで一般的に使ってきた他の資産は押しつけられないのがわかった。それでもこの法律には、銀行のそれまでのやり方を禁止するものは何もなかったので、ＦＲＢができても昔のままの活動が続いた。ある観察者が１９１８年にまとめたように「流動性というのはシフト能力に等しい」というわけだ[5]。

　問題が起きるのは平常時ではなく危機のときだ。すぐに見当がつくことだが、みんなが売ろうとして買い手がいないときには、高品質の債券ですらシフト能力は怪しくなる。この意味で、シフト可能資産の「人工的」な性質は、商業融資の「自然」な流動性と何もちがわない。危機になったら、流動性は常にインターバンクの対応能力に左右される。「それは融資拡大の基盤として使えるような、未使用の準備高の備蓄（たとえば国際黄金準備）を活用する能力か、新しい形の準備金（たとえば準合法なクリアリングハウス紙幣）を作り出す能力に依存するのである[6]」。

　この観点からすると、連邦準備制度の最も重要なイノベーションは、危機時に準備金を作るための定型メカニズムを提供したことだった。「連邦準備制度の下では、流動性が各地の連邦準備銀行へのシフト能力の問題だというのは明らかである[7]」。この法律が書かれた当時、起草者の念頭にあったのは銀行の商業融資理論だったので、シフト能力は通常なら自己換金する商業融資だけに限定しようとした。この制約の致命的な意味合いが明らかになるのは、１９２９年10月の株式市場暴落のときだった。

一方その当初から、この制度が起草者の思ったとおりには動いていないのは明らかだった。会員銀行からの割引引受の要求は低いままだったので、儲かる資産を獲得しようとして、各地の準備銀行は公開市場で適切な証券を買うことになった。これはつまり、銀行からではなくディーラーたちからそうした証券を買ったということだ。さらに、全米銀行券を連邦準備紙幣で置き換えるという責務を果たすため、準備銀行は債券市場に参加して、紙幣の担保となる２％国債を買うことになった。[8] こうした操作は、その後の公開市場操作と呼ばれるものの起源となった。振り返ってみれば、これはＦＲＢが法の文言が何と言おうと、シフト能力の中心性を運用上は理解していたことを示すものだ。実務は理論とはちがうのを知っていたのだ。

事件が起きなければ、ＦＲＢはそのまま有機的な発達を遂げ、明示的に独自のシフト能力メカニズムを発達させ、証券市場にも流動性の下支えを提供するようになっていたかもしれない。それはそうした市場での資産のシフト能力に依存する銀行の流動性を支援する手段となっただろう。もちろん商業融資理論のイデオロギーが邪魔をしただろうが、この点でもそれまでの適応と同じく、現実には従わざるを得なかったはずだ。別の反実世界においては、ＦＲＢは証券ディーラーへの融資ファシリティを開発した可能性もある。これは２００８年３月にベア・スターンズ破綻によってプライマリーディーラー信用ファシリティ（ＰＤＣＦ）を仕方なく作ったのよりずっと早い対応だったはずだ。そしてまた、２００８年９月にリーマン・ブラザーズ破綻で、割引適用対象をあらゆる投資グレードの証券に仕方なく拡張するはるか以前に、投資資産（ひょっとして不動産担保のローンですら）を受け入れる方針を発達させた可能性もある。言い換えると、ＦＲＢは大惨事が起きるのを待ってから事後的に尻拭いするのではなく、そうしたファシリティを使って市場の発達を事前に形成できたかもしれない。

だがこうした自然な制度発展のプロセスは、第一次世界大戦、世界大恐慌、第二次世界大戦というすさまじい大災厄により中断させられた。銀行の観点からすると、こうした事件の重要な影響は政府債の激増と、新生の連邦準備制度として、その国債のために流動的な市場を確保する責任が続いたことだった。宿命的な偶然により、そして１９１３年の連邦準備法起草者と、それに反対するシフト能力支持者たちの双方の意図に完全に反して、唯一無二のシフト可能資産となったのは商業融資ではなく、財務省債券となったのだった。そしてそれに伴う国債市場の流動性は、システム全体の流動性の源となった。

戦時ファイナンスから大災厄へ

第一次世界大戦にアメリカが参戦する準備として、連邦準備法は１９１６年9月7日に改正されて、連邦準備紙幣は財務省証券を担保として発行できるようになった。こうして、できたての連邦準備法のインクが乾く間もなく、紙幣は自己換金する商業融資を担保にしないと安全に発行できないという創設原理は脇に押しやられてしまった（体面を保つため、紙幣の担保として使えるのは、国債そのものではなく、政府債を担保にした準備銀行の融資だけだったが、実質的な中身は同じだ）。それだけでなく、政府証券を担保とする準備銀行融資はその後、優遇金利で固定された。その金利は商業金利よりも低く、その証券自体の利率より低いのだった。

保守的な銀行家たちはこうして、最悪の悪夢が実現するのを目の当たりにした。政府が金融制度に対する自分の権威を使い、民間の借り手に対する優位性を獲得したのだから。その一方で、その同じ銀行家たちはすぐに、割引窓口で借りて、政府証券に投資するというアービトラージを活用した。連邦債務は１９１７年に10億ドルほどだったのが１９１９年には２５０億ドルになり、連邦準備制度自体がそのうち20億ドルを吸収して、その残りのほとんどを分配するための財務代理店として機能した[9]。実質的に、ＦＲＢは国債市場における政府のプライマリーディーラー役を果たし、あまった国債は自分の在庫に入れて、その在庫の資金調達のために自分の金銭債務を拡大したのだった。

戦争の間、ＦＲＢは国債市場の流動性を維持するとともに、国債価格の底値を維持して、財務省が安く借入れできるようにした。戦後に、国債価格の底値は緩められ、割引率も引き上げられたが、流動性支援の慣行は続いた。戦後の連邦準備制度で大いに喧伝される、預金、紙幣、準備の弾力性は、このように国債の双方向取引能力から生まれたもので、商業融資の自己換金特性から生じたのではなかった。実際、連邦準備法が商業融資に与えた特権的な地位にもかかわらず、そうした融資は１９２０年代ずっと減り続け、債券や不動産担保ローンが伸びていった。だからシフト能力は戦後になっても、相変わらず仕組みの中で真の流動性の源であり続けた。ちがいは、投機信用への依存が前より見えにくくなったことだった。財務省証券や国債レポが主要な二次準備になったからだし、またシフト能力を最終的に保証するのは、民間証券ディーラーではなく

ＦＲＢだったからだ。

このようにかつては投機信用とされたものにＦＲＢが関与したこともあって、少なくともニューヨーク連邦準備銀行では、信用の「定性的」統制（信用は生産的な利用に限る）は重視されなくなり、「量的」統制に注目が移った。具体的には、信用の価格に影響する割引率政策が重視された[10]。この焦点のシフトは、銀行業の正統理論からさらに遠ざかるものだった。正統銀行理論は能動的な管理を毛嫌いしたからだ。だがこれは、バジョット以来のイギリス銀行理論の発展とは完全に整合していた。その典型がホートレーの著作で、これがニューヨーク連邦準備銀行の総裁ベンジャミン・ストロングに強い影響を与えた[11]。実際、いわゆるストロングルールは、もっと能動的な介入を調整するためのベンチマークを樹立したものと理解できる[12]。

ストロングルールは、市場金利より少し高い割引率を設定して、国債の公開市場操作を使って割引の量を制御するというものだった[13]。信用が拡大すると割引需要も増えるが、拡張的な公開市場操作でそうした需要のシフトに応えれば、実際の割引の量は増えずに済む、というのが発想だ。そして信用が収縮したら、割引需要も収縮するが、収縮的な公開市場操作でその需要シフトに応じれば、実際の割引量は減らない、というものだ。ストロングルールの考え方はつまり、裁量的な公開市場操作を使って、商業融資理論が自動的に実現できると考えた理想の結果を実現しようというものだ。ストロングルールの下で機能する新しい連邦準備制度では、準備高は必要に応じて拡大し、不要になれば収縮できる。それは新規に作られた商業融資を受動的に割り引くことで実現されるのではなく、既存の国債の能動的なトレーディングで実現される。

ストロングルールの最も目先の応用は、システムの季節変動に対してだった。ここではこのルールのおかげで、一時的な拡大と収縮により年間のサイクルを通じて中立性に近いものが実現できた。その中立性の意図をシグナルするため、ＦＲＢは証券ディーラーとレポ取引を行い、季節性の信用を拡大すべきときには資産を買いつつ、同時に季節的なニーズが下がると予想される将来の時点でそれを売り戻すと約束した。ＦＲＢが証券ディーラーとレポをするときには、そのディーラーにお金を貸して、国債を担保として受け取るのだという点に注意。これはまさに、正統派銀行理論が毛嫌いした投機融資だったが、おかげで準備高が増えて、銀行が正統派銀行理論の賞賛する生産的融資に取り組めるようになった。いつもながら、生産的信用と投機信用とを区別するのはむずかしいのだ。

　季節問題（農業問題）を征服したので、ＦＲＢは循環的な（工業的）問題も何とかできるのではと考えた。ここでは、中立的な政策の代わりに、ホートレー的な反循環的《カウンターシクリカル》な政策が考えられる。信用拡大期には制約により持続不能な投機的上昇を潰し、信用収縮期には叩き売りのきりもみ降下を防止するような緩和を、というわけだ。信用の手綱を引きたいときには、ＦＲＢは資産を売却して、割引の量が増えるようにする。そして割引の量が異様に増えれば、それが銀行融資を抑えるように作用するはずだった。信用を緩めたいときには、割引が減るまで資産を買い、割引量が異様に減ったら、それが融資を奨励する効果があるはずだった。１９２０年代のベンジャミン・ストロングはニューヨーク連邦準備銀行でこれを試し、１９２４年と１９２７年には循環性の景気下降がある程度は抑えられたように見えた。

　こうした国内の平準化は、季節的なものも景気循環によるものも、国際的な水準では戦前の金本位制のようなものを復活させようという試みの中で生じた。実際、一部の人にとっては連邦準備制度の存在意義は、国内の季節変動や景気変動を国内だけにとどめ、それが国際黄金市場を乱さないようにすることだった[14]。追加の国内銀行準備高が必要になったら、ＦＲＢが自分でそれを提供し、不要になったらＦＲＢがそれを吸収する。結果として、世界は助かるし、アメリカも助かる。国内金利があまり乱れないし、平均では低くなるからだ。なぜか？　季節ごとに黄金がドルに入ってはまた出ていくという往復移動が減るから、黄金市場で外国人にその分の手数料を支払う必要はなくなるからだ。そして、循環的な危機が起きても、金利を跳ね上げて緊急の黄金準備を惹きつける必要もなくなる。というのも必要な緊急通貨はすべてＦＲＢが作れるからだ。

　この国際的な視点は、１９２０年代を通じたＦＲＢの政策を説明するのに役立つ。その政策は金利を低く安定させておき、一時的な黄金の流出と流入を不胎化する、というものだ。この政策はしばしば、その他世界、特にイギリスが金本位制に戻るのを助けようとする試みと解釈されることが多い[15]。だがＦＲＢは金利を、自然に決まる水準に設定しているのだと信じていたのかもしれないし、これは決して無理のある話ではない。もはやアメリカは準備高需要の変動に対応するために、国際黄金市場に頼らなくてすむようになったからだ。だがいまにして思えば、この方針は株式市場バブルに油を注ぐもので、それが１９２９年10月の株式市場暴落につながった。ストロングの金利政策は、意図せずして原初的な株式市場のプットオプションになったのだった。

　だが何が起きているかＦＲＢが気がついた頃にはもう手遅れだった。１９２８年と１９２９年の収縮的な公開市場操作は、バブルを止めるには不十分だった。というのも銀行システムの外の信用が、資産価値評価上昇に基づいて拡大し続けたからだ。投機ブームの頂点で、ニューヨークの銀行はブローカー業と大差なかった。「他人の口座用のブローカー融資」を使って株式市場に資金を回したのだ。ＦＲＢはそうした流れを止めようと努力していたのだが。ここに「シャドーバンク」の原型がある。この文脈では、割引率を引き上げて拡張を止めようとするＦＲＢの試みは、効果を上げるには手遅れだった。金利を上げたら、市場に引き寄せられる資金が増えただけだったからだ。そして利上げは、実に多くの銀行融資の担保となっている資本の価値を脅かすことになった。バブルの最終段階で、アメリカの高金利は外国からの資金まで引き寄せ、戦後の国際支払いコミットメントのパターンを維持してきた信用のフローを逆転させた。

いったん崩壊が始まると、拡張的な公開市場操作だけでは崩壊は止められなかった。ＦＲＢは商業融資の割引に集中していたので、危機のときには好きなだけ貸す用意はあった。だが会員銀行のソルベンシーを脅かす、価値低下中の民間証券は、絶対に担保として認めるつもりはなかった。[16]そうした資産のシフト能力は、結局はＦＲＢ政策の支持者が予想したとおり、あてにならないものだったからだ。だがそうした支持者たちが予想しなかったのは、信用の本質的な不安定さだった。つまりあてにならないシフト能力が、上がるときには資産価値評価を膨れ上がらせ、下がるときには資産価値を引き下げるように働くという点だった。そして、ＦＲＢの手の届かないシャドーバンクの崩壊が、ＦＲＢの庇護下にあるはずの本当の銀行システムを脅かすとは、だれも予想していなかった。

ここでの話で重要な論点は、アメリカの条件下だと、マネーマーケットと証券市場は常に完全に絡み合っていて、結果として、投機信用と生産的信用とを区別するのはずっと不可能だったということだ。この絡み合いはＦＲＢ以前からのもので、全米銀行システムの下で銀行がシフト能力に頼っていたのが起源だ。ＦＲＢで新しかったのは商業融資の重視（最初の連邦準備法の設立時）と、その後の国債重視（戦争の結果）だが、お金と証券市場の絡み合いは続いた。季節変動と循環的な変動を安定化するための介入は、喧噪の20年代をもたらす投資ブームを支えたが、持続不能な資産価格バブルも作り出した。

　ちょうど緩いお金で証券バブルが膨れ上がったのと同様に、バブル破裂は金融システムをひしゃげさせた。銀行システムが１９３１年から１９３３年にかけて一連の危機で崩壊したら、それに続いてマネーサプライも崩壊した。現代の経済学者たちはフリードマンとシュウォーツの尻馬に乗り、これを容認したＦＲＢを批判し、黄金の流出を防ぐために割引率を１９３１年に引き上げるという、マズい考えでデフレを悪化させたと言って糾弾する。[17] 当時、経済学者アーヴィング・フィッシャーも同様の主張をして、物価下落が債務過剰の問題を悪化させ、それが単なる景気の後退を不況にしてしまったのだと強調した。[18] １９３３年の文献でフィッシャーは、ルーズベルト大統領によるリフレの試みがすぐに危機以前の物価を回復させ、不況はもっと普通の不景気に戻ると予想した――が、そうはならなかった。黄金に対するドルの切下げは、一般商品に対するドルの切下げはもたらさず、その後の精力的な金融拡大は、ほとんどが拡大する銀行準備に吸収された。

　いまにして思えば、確かにＦＲＢは金融拡大をもっと早めに開始して、もっと大胆な施策を採ることもできたし、割引率を上げるよりは１９３１年に黄金との兌換をすぐ止めるべきだった。だがＦＲＢとして銀行のバランスシートの大半を占める民間証券を割り引くつもりがない限り、銀行はどのみち破綻しただろう。ミルトン・フリードマンは、ＦＲＢがマネーサプライ崩壊に目を向けなかったのは、商業融資理論のイデオロギーのせいだと批判した。だが商業融資理論のイデオロギーのおかげで、ＦＲＢが銀行の資産を投機的すぎると見なしてしまい、このためそうした資産を現金化しなかったほうが重要なのかもしれない。

大恐慌と戦争での非商業信用

銀行システムが崩壊すると、１９２０年代を通じてＦＲＢの慎重な実験を支えてきた、保守的な銀行業とシフト能力ビューとの間の脆弱な知的綱渡りも崩壊した。最も重要な点として、銀行預金負債のデフォルトは、適切な銀行資産とは何かという問題を改めて提起することになった。というのも、銀行の債務超過はもっぱら保有資産の市場価値低下と、長期融資のデフォルトの問題だったからだ。一部の人はここぞとばかり、元の連邦準備法の根底にある自己換金する商業融資こそが、要求払い式の預金負債を発行する機関に適切な資産なのだ、と主張しなおした。他の人は、さらに歴史をさかのぼって、預金負債は最高の種類のものであっても信用でマッチすべきものではなく、準備金の裏付けが必要なのだと論じた。つまり「１００％準備」金を実現すべきだと述べた[19]。

１９３３年銀行法、通称グラス＝スティーガル法は、商業銀行と投資銀行を分離するよう義務づけた。これは主に、Ｊ・Ｐ・モルガンのような巨大ニューヨーク銀行に影響するもので、他の銀行のポートフォリオはほとんど無傷だった。特に重要なのは、預金保護が銀行資産の規制ではなく、新設の連邦預金保険公社（ＦＤＩＣ）を通じた預金保険を追加することで実現したということだ。

続いて１９３５年銀行法が、ＦＲＢ議長として１９３４年11月に指名されたユタ州の銀行家マリナー・Ｓ・エクルズにより導入され、ＦＲＢは商業融資だけでなく「しっかりした」資産すべてを割り引く権限をもらった。ある評者が後に指摘したように、その影響は流動性とソルベンシーの区別を完全になくすことだった。「目先の短期流動性は単に『再割引能力』であり長期流動性はソルベンシーと同じだ」[20]。さらにその影響で、流動性は商業的な計算ではなく、政府の政策問題になってしまった。「だがいまや制度的、法的、あるいは伝統的な流動性について考えられる唯一の仕組みは、再割引能力や兌換性というものだけらしい」[21]。

流動性がすべてＦＲＢ方針の問題でしかないというこの過激な再定義は、ソルベンシーが復興金融公社（１９３２年設立）、連邦住宅貸付銀行（１９３２）や連邦預金保険公社（１９３３）の方針の問題でしかないという、その前の過激な再定義から自然に出てくるものだ。政府が、おまえは債務超過でないと言えば、債務超過ではないのだ。というのもそうなれば政府が後ろ盾となり、保証や融資で支えてくれるからだ。政府は銀行のバランスシートを圧迫する不良資産を直接買いはしなかった。むしろ生き残った銀行に資本注入して、問題から抜け出す時間を与えるようにした。

いまにして思えば、１９３５年銀行法は、シフト能力ビューの最終的な勝利を示すもので、商業融資理論の最終的な否定を示すものだった[22]。しっかりした資産ならすべて担保として認めて融資すると約束することで、政府は実質的に、あらゆるしっかりした資産を完全に流動的なものにしたのだった。この約束は、危機が終われば遠大な影響を持つことになるが、当時はだれもそこまで考えていなかった。実際、ニューディールという混乱した実験の中で各種の過激な手法が提案され、試され、放棄されている中で、この変化が持つ過激な性質は、おおむね気づかれずに終わった。一方、かなり大胆な金融拡大でも回復が起きなかったことで、金融理論はすべて信用を失い、おかげで政策の注目は別のところ、具体的には直接的な政府支出へと向かった。

政府支出は、昔から大恐慌の政策対応の一部だったが、それはもっぱら救済措置としてだった。だが１９３６年にイギリスの経済学者ジョン・メイナード・ケインズが、『雇用、利子、お金の一般理論』を発表し、支出は回復ももたらすと論じた[23]。１９３８年にハーバード大学の経済学者アルヴィン・ハンセンは、ケインズの発想をアメリカの条件に適応させようと提案した。「世界中の政府は最終的な貯蓄者と投資先との仲介役になっているが、生産プロセスはいまだに民間企業が実施している。これは生産の社会主義でもないし、富の所有における社会主義でもない。政府は投資銀行になっているのだ[24]」。

いずれにせよ、最終的に完全雇用をもたらすのに十分な支出を実現したのは、ハンセンが考えたような政府出資による投資ブームではなく、第二次世界大戦であり、また戦争生産があらゆる投資と信用の割当てを動かすという、実質的な計画経済でもあった。戦時中には、恐慌中にも増して、ソルベンシーと流動性は政府の政策次第で、商業的な計算によるものではなかった。戦争中はずっと、国債金利は３カ月ものの短期国債では０・３７５％で、長期債では２〜２・５％であり、ＦＲＢの仕事は現金と国債との間に双方向の兌換性を確保してこの価格を支えることだった。第一次世界大戦のときと同じく、国債は激増した（４８０億ドルから２３５０億ドルへ）。そしてＦＲＢの信用も激増した（20億ドルから２２０億ドルへ[25]）。

戦争、恐慌、再び戦争は、このように最終的に全米銀行システムの記憶を拭い去り、シフト能力概念と並ぶものだった商業融資理論は忘れ去られ、おぼろげにしか残らなかった。第二次世界大戦の終わりになると、銀行と信用は丸一世代にわたり政府統制の対象となっていたから、それだけでも戦時統制がなぜあれほど長く続いたかが説明できる。ＦＲＢ内部では、特にアラン・スプロール率いるニューヨーク連邦準備銀行の中で、昔のやりかたについて機関としての記憶が多少は残っていた。だが１９５１年のＦＲＢ＝財務省協定までは、ＦＲＢは国債価格を固定するという戦時中の責任を負わされ続けた。

その後、新しいＦＲＢ議長ウィリアム・マクチェスニー・マーティンの「短期国債のみ」政策の下で、ＦＲＢは長期国債市場を直接管理する継続的な責任からも解放された[26]。だから長期国債のシフト能力は民間の証券ディーラーに任され、彼らは短期のマネーマーケットで資金を調達した。短期国債市場を通じて活動するＦＲＢは、証券市場でのシフト能力はディーラーの資金調達流動性を支援することで、間接的にしか支援しない。こうすることで、国債市場から始めて、大恐慌前の（そしてＦＲＢ前の）マネーマーケットと証券市場との絡み合いが、第二次世界大戦後に復活したのだった。

第3章

管理の時代

１９３５年銀行法でのシフト能力ビューの勝利はつまり、その後のＦＲＢは完全に、最後の貸し手として行動するつもりで、「しっかりした」資産なら何でも担保として受け入れ、短期の自己換金する債券だけに限定されないということだった。その2年後、連邦公開市場委員会（ＦＯＭＣ）が１９３７年4月に発表したコミュニケで、ＦＲＢはさらに先へ進んで、「マネーマーケットの秩序ある状態」の維持というかなり全般的な約束をした。[1] これがどういう意味かといえば、銀行が融資を求めるのを受動的に待つにとどまらず、ＦＲＢは公開市場で証券を売買して能動的に介入するぞ、ということだった。１９３５年にはシフト能力は民間ディーラーが提供するはずのもので、彼らはもし問題にぶち当たれば、ＦＲＢの割引窓口が使えると知りつつ活動をした。それでも不十分だったので、ＦＲＢはシフト能力提供の責任を引き受けた。実質的に

ＦＲＢは証券ディーラーとして行動すると約束したのだった。

いまにして思えば、この１９３７年の約束はきわめて重要なステップだ。というのもこれは、政策の検討事項の最前線に、資本資産価格の問題そのものを持ち出すものだったからだ。そもそもＦＲＢは市場が「無秩序」かどうか、どうやって判断すればいいのだろうか。そしてどんな介入が必要なのか、どうやって判断すればいいのだろうか？　結局のところ、無秩序の症状というのは常に、資産価格が何か理想的な規範から逸脱しているという話に帰着する。７年物債券の売り手が、買い手を集めるのに大幅な値引きを余儀なくされるなら、ＦＲＢはそれに気がついて買い手として乗り込んでくれるはずだし、買い手が集まっている別の証券、たとえば2年物債券を売却しているはずだ。こうした介入をするなら、ＦＲＢとしてはその時点の資産価格がどのくらいであるべきかについて、多少なりともはっきりした基準を持ち、どの証券を買うべきで、どの証券を売るべきかを、その基準からの逸脱に応じて行う必要が出てくる。

１９３７年に、多少なりとも明確な理想化された規範は、経済学者が期間構造の期待仮説（ＥＨ）と呼ぶものだった。この理論によると、長期債の収益は、その債券が満了するまでの期待短期金利の平均になるべきだ。理屈は簡単。今後2年にわたり投資したいお金があるとしよう。2年満期の債券を買ってもいいし、1年満期の債券を買って、満期になったらそのお金をさらに1年債券に再投資してもいい。投資家はこの二つの戦略を自由に選べるので、市場が均衡すればどちらも同じ魅力を持つはずだ。2年物債券も1年物債券も、だれかが好き好んで持つことになる。投資戦略の魅力の指標は、一つは満期までのイールドだ。だからＥＨは、この二つの投資戦略の満期までのイールドは同じはずだと言う。

この理論は魅力的ながら、話がこれで終わりのはずはない。というのも、期間構造は通常は右肩上がりの曲線となるからだ。短期金利は長期金利より低いのが通例だ。だから長期投資は通常、短期投資を繰り返したものよりもイールドが高い。このアノマリーらしきものを理解する方法の一つは、投資家は満期までの期待イールド以外のものに影響を受けているということだ。長期投資のほうがなぜかリスクが高く、追加イールドはそのリスク保有分に対する補償なのかもしれない。確かに、長期投資は短期投資よりも価値がずっと大きく変動する可能性はある。だがそういう変動が重要になるのは、満期日前に売らねばならないときだけだ。ここから考えると、長期投資の追加イールドは、一種の「流動性プレミアム」で、満期日前に投資を現金化しなければいけなくなったときに、その人が損をかぶるという事実について長期投資家を補償するものらしい。

期間構造についてのこうした考え方は、１９３７年にはほぼ最先端だった。だから１９３７年にＦＲＢが、マネーマーケットの秩序を保つと約束したのは、この規範に基づく約束として理解できる。１９３７年のＦＲＢの約束は、ＦＲＢが市場の示す「流動性プレミアム」を把握し、そのプレミアムでのシフト能力を確保する、という意味になる。金利は市場の条件に合わせて変化する。短期金利は長期金利に比べて上がったり下がったりして、期間構造を平らにしたり急にしたりするが、それはＦＲＢの知ったことではないはずだった。「マネーマーケットの秩序ある状態」というのは、流動性プレミアムも含めた価格変化を平準化するということで、変化を阻止するということではなかった。

なぜＦＲＢは、そんな平準化が適切な政策目標だと思ったのだろうか？　季節変動の平準化をしたときの経験との類推で、ＦＲＢは、市場が実現したがっているのに実現できていない結果を生み出すために介入しているつもりだったのかもしれない。このアプローチの背後にあったのは、しっかり機能する市場では民間ディーラー自身が平準化をするはずだという発想だった。彼らが自分のバランスシートを使って、需給の一時的な不均衡を吸収するのだ、というわけだ。だがしっかり機能する市場ですら、発行されたある証券の大半がディーラーの手の届かないところにしまいこまれてしまうことはあるだろう。そうなればその証券の価格は希少性プレミアムを反映したものになる。そうした場合、ＦＲＢは自分の持ち分を吐き出して市場を助けられる。この問題は平常時にでも起きるものだし、不景気では民間ディーラーが弱体化し、民間投資家たちが自分の唯一の安全証券を吐き出したがらないので、この問題はなおさら起きやすい。だから市場はＦＲＢの支援で大いに助かることになる。ＦＲＢの１９３７年の発表は、そうした支援なら出し惜しみしないというシグナルだった。

何事も起こらなければ、このありがたいシグナルを足がかりに、民間資本市場は新しくもっとしっかりした基盤の上に再構築されたかもしれない。それは、自己換金性ではなくシフト能力に明示的に基づいたものになっただろう。ディーラーたちの資本が回復するにつれて、やがてはディーラーたちが自分で平準化の作業を引き受け、ＦＲＢは全般的な信用政策だけに専念できるようになっただろう。この点で示唆的な事実がある。ＦＲＢは全政府証券がシフト可能だという心安まるシグナルを送っているのと同時に、銀行システムにブタ積みされていた、膨れ上がる過剰準備を使った不健全な信用拡大の可能性を阻止するため、準備要件を倍増させていたのだ。[2] １９３７年のＦＲＢは通常性への復帰準備をしていたのだった。

この新しい基盤の上に構築される通常性というのは、どんなものになったはずだろうか？　すでに述べたように、シフト能力へのＦＲＢのコミットによって、資本資産価格の問題が最前線に押し出された。ＥＨはよい出発点だったし、特にそれを長期資産のイールドにリスクプレミアムをつけるような流動性選好の発想で補えばなおさらだった。だが市場がそんな原始的な水準にとどまるはずもない。いったん適正価格からの逸脱を修正するために介入するという道を下り始めたら、絶えず適正な値づけの理論を改善し続ける道にも入り込む。取引の反対側にいる、利潤を求める相手からの自衛のためにもそれは不可欠となる。

　このように、ＦＲＢの役割が発達すれば、やがて「流動性プレミアム」概念の基盤をさらに深掘りせざるを得ない。そのプレミアムがどこからきたか、なぜある証券でこれがその値になるのか、なぜその値が変動するのかを理解するためだ。イギリスでは、ジョン・メイナード・ケインズとジョン・ヒックスがすでに、なぜ長期金利が短期金利より高くなりがちなのかという「正常の逆ざや」理論で方向性の一つを示していた（第4章参照[3]）。が、何事かが起こった。そしてこうした初期の貢献は棚上げされた。期待されていた民間資本市場の回復と、その回復に続いたはずの制度的な発達は別の方向に飛ばされた。それを引き起こしたのは、まずは１９３８年の新たな経済下降期で、続いて第二次世界大戦だった。

金融政策と雇用法

　第二次世界大戦中、ＦＲＢはまたもや国債の秩序ある市場維持だけでなく、国債価格固定の責任を負った。民間資本市場は基本的に消え去り、国債の拡大市場がそれに取って代わって、

ＦＲＢがそこのマーケットメイカーとなった。新規の信用は優先的に政府に行ったので、企業や家計は過剰な資金があれば、まずは自分の債務を返済し、それから国債を貯め込むのに使った。戦後には財務省の頼みでＦＲＢは国債価格固定を続け、結果として国債は基本的には利子がつく現金の一種となった。民間部門は戦債をあまりに貯め込みすぎていて、民間資本市場の再建はそうした戦時中の蓄積が引き出されて減るまで後回しにできたし、実際後回しになったのだった。

一方、１９４６年雇用法により、連邦政府の力で「最大限の雇用、生産、購買力を促進する」新たな政治的コンセンサスがまとまった。戦時支出の経験で、経済を不景気から引っ張り出すにあたり、財政手法がいかに強力かが改めて認識され、戦時の賃金物価統制の経験によって、きわめて強力なインフレ圧力ですら直接的な手法で抑えられるのだと改めて認識された。さらに、戦時中の安定した低金利の体験は、重要な社会目標を支える金融の力を改めて認識させた。こうした面のすべてで、戦時中の教訓が生み出した戦後の経済政策理解は、金融政策と中央銀行の役割をかなり軽視するものとなった。雇用法は、その新しい目標を実現するにあたって金融当局が果たすべき役割について、まったく言及していない。ＦＲＢの役割は実質的に、雇用法可決後の丸５年にわたり国債価格を固定しておくだけだ。

それでもＦＲＢ内部では、通常性への復帰準備が整えられていた。最初の一歩は短期金利の統制を取り戻すことだった。戦時中は短期国債金利はたった０・３７５％で固定されていたが、それに対して長期国債金利はもっと気前のいい２・５％だったので、民間は短期国債にほとんど興味を持たず、結果として流通している短期国債はほぼすべてＦＲＢが所有することになった。すでに保有している資産の短期イールドを上げることで、ＦＲＢはやっと民間の買い手を惹きつけ、まともなマネーマーケット再構築のプロセスを始められた。それが数年続いてから、１９５１年にＦＲＢは、国債価格固定の責任からも逃れられた。新しいＦＲＢ議長ウィリアム・マクチェスニー・マーティンの下で、この戦時中の責任の放棄は、戦後の金融政策介入のためのまともなマネーマーケット再構築にあたり、決定的な一歩として提示された。鍵となる文書は１９５２年のＦＯＭＣ政府証券委員会アドホック分科会報告書で、これはマーティンが議長となった分科会だった。[4]

振り返ってみれば、この報告書とそこから生じた「短期国債《ビル》のみ」ドクトリンは、ＦＯＭＣの１９３７年の約束（「マネーマーケットの秩序ある状態」の維持）を１９５２年の大幅に変わった条件に適応させたものと理解できる。いずれの場合も、中心的なアイデアは民間資本市場のディーラーインフラ再構築の支援だった。１９３７年には、ＦＲＢは国債市場にしか関与しないつもりだった。経済回復につれて民間資本市場では、民間ディーラーが秩序ある条件を作ってくれると期待していた。だが１９５２年の時点では、国債市場こそが資本市場のすべてと言っても過言ではなく、民間ディーラーの仕組みはほぼ死に体だった。するとそこから考えて、民間資本市場のインフラ再構築は、まず民間ディーラーを呼び寄せて、政府証券市場のマーケットメイカーとしてふるまわせるところから始めようということになりそうだった。

「短期国債のみ」というのはつまり、ＦＲＢが市場の長期債券部分を民間ディーラーに任せるよ、というシグナルなのだった（もちろんこれは、長期金利を低い水準で安定させろという政治圧力をかわす手法でもあった）。その後のＦＲＢは、短期側でのみ秩序ある条件を維持して、長期のほうでの秩序ある条件は、アービトラージと民間ディーラーに頼る。１９３７年のＦＲＢ自身による期間構造への介入で使う規範はＥＨとなった。１９５２年にはその同じＥＨが、民間の利潤最大化ディーラーたちの規範となった。

実際にはこの単純な理想化された規範ですら、ニューディール改革から受け継いだ硬直的な金融条件の下では実現不可能だった。ポートフォリオ投資への規制のため、需要はある特定の発行債券だけに集中した。単なる価格の動きだけでその需要をすぐに他の発行債券へと転換できるものではなかった。だからＥＨからの逸脱はディーラーの収益機会をもたらしたが、その機会を利用するには、ディーラーたちは結果として生じるポジションを満期まで保有し続けるしかなかった。そうした逸脱がそもそも存在するということ自体が、そのポジションを金銭化するのがむずかしいという証拠なのだった。理論的には近い代替物として扱われ、したがって理想的なアービトラージの候補となるはずのものが、実は最終的な資産保有者のポートフォリオでは大して近い代替物などではなく、したがって、他のだれにとっても代替物にはならなかったのだった。

ニューヨーク連邦準備銀行の総裁アラン・スプロールは、まさにこの問題を予想して「短期国債のみ」への反対論を述べた[5]。彼はＦＲＢが、断片化して断絶した複数の信用市場のすべてで活動する能力を維持すべきだと考えたし、長期国債も扱えるようにしておくべきだと考えた。新方針を実際にやってみると、彼の正しさが証明されたが、それもしばらくの間でしかなかった。やがて１９５２年にマーティンが敷いた制度的な仕組みは驚くほど先見の明があるものだった。それについてはこれから見よう。ただ、その実現には彼が思ったよりは長くかかった。

一方、金利の統制権限を取り戻してから、ＦＲＢの次の一歩は金利管理での役回りを回復することだった。１９２０年代にストロングルールに従って、ＦＲＢがマネーマーケットの逼迫と緩さの尺度として、準備高の借入れを目標にしていたことはさっき見たとおりだ。そして、少し規律を増やすべきか弾力性を増やすべきかの印象に応じて借入れを増減するために、公開市場操作を使った。１９５０年代のＦＲＢも、かなり似た理論に基づいて、かなり似た手順を採用した。唯一のちがいは、いまやいわゆる自由準備高なるものを目標にしたということだ。これは過剰の準備高と借りられた準備高の差として定義されている。[6]

　この運用面での変化は、まずは発展途上のフェデラルファンド市場への合図として理解できる。そこでは過剰な準備高を持つ銀行が、ますますその過剰分を、準備高不足の銀行に貸せるようになっていた。こうしたインターバンクの融資は、過剰準備高の総額と、貸し出された準備高の総額を同じ金額だけ減らす効果を持っていた。だからかつての借りられた準備高だけを見る基準に比べ、自由準備高の概念が持つ長所の一つは、フェデラルファンド市場でのインターバンクの貸し借り量変動に影響されないということだった。

　もう一つの長所は、自由準備高の概念はプラス（状況が緩いとき）にもマイナス（引締めのとき）にもなれるということだった。これに対して、借りられた準備高という概念はゼロが底となる。というのもＦＲＢから準備高を借りている銀行がなくなれば、ＦＲＢは「割引率に実効性を持たせる」ことができなくなるからだ（大恐慌の初期には、この見かけ上の底のおかげでＦＲＢはまちがって、金融条件が最大限に拡張的になったと結論してしまった）。この新しい手順は、準備高を借りている銀行がなくても、証券を直接買うことでＦＲＢが追加の下向き圧力をかけられるというのを認識した結果として採用されたものだ。こうした公開市場操作の影響は、自由準備高の拡大としてあらわれる。

１９２０年代の場合と同じく、ＦＲＢ＝財務省協定後のＦＲＢ運用は、マネーマーケットの秩序だった条件を確保するにとどまらず、好況時には投機的な過剰を抑え、下降期には市場の清算を支援することで経済の安定性に貢献するためのものでもあった。１９５５年に、全米ファイナンス学会と全米経済学会の共同総会での演説で、ニューヨーク連邦準備銀行総裁スプロールは明示的に雇用法の目標を追認して、その目標を達成する中でのＦＲＢの重要性を強調した。「インフレ圧力とデフレ圧力の両方に抵抗すべく目を光らせねばなりません。このどちらも、高雇用、高生産、高所得経済の危ういバランスを脅かしかねないのです(7)」。同じ演説でスプロールは、集まった学者の支援を求めた。「この公開市場技法の問題は、目先の専門的な応用を超えた経済学的な重要性を持つ問題が絡んでいるようです。それは皆さんの研究と、その結果の発表に値するものなのです(8)」。

学者の言葉に耳を傾ける

だが、余計なことを求めないほうがよい場合もある。学者のアドバイスは必ずしもＦＲＢに歓迎されてこなかったし、それにはもっともな理由がある。１９２０年代にはイェール大学の経済学者アーヴィング・フィッシャーが、ＦＲＢに物価安定を法律的に義務づけるような法制を可決させようという運動の先頭に立った。フィッシャーの分析は、彼なりの貨幣数量説に基づくもので、１９１１年の著書『お金の購買力』にまとめられていた。フィッシャーによると、インフレもデフレもマネーサプライを操作するだけで簡単に回避できる。避けられるのだから、それは債権者と債務者の間の正義と、経済行動の効率性の問題として、避けるべきなのだ。物価水準が動き回ると、人々は個別価格の変動（これは利潤機会の変化をシグナルする）と物価水準の変動（そんなシグナルはない）を混同して、経済判断をまちがいやすくなる。こうしたまちがいを彼は「お金の幻影（マネーイリュージョン）」と呼び、これが景気変動の重要な原因なのだと考えた。だから物価水準安定のためにマネーサプライを操作する政策は、もっと経済全般の安定化に役立つはずだ、というのが彼の結論だった。

１９２０年代のＦＲＢは、自分たちの使命を明示的に物価安定にしばりつけようというフィッシャーの試みに抵抗した。別に物価安定という目標に反対していたからではない。むしろ、そんな安定がフィッシャーの思っているほど簡単に実現できるという発想を拒否し、さらにはマネーサプライの操作がそれを実現する最も効率的な操作メカニズムだという発想を拒否したのだった。イェール大学のアーヴィング・フィッシャーと、ニューヨーク連邦準備銀行のベンジャミン・ストロングとの巨大な落差は、ＦＲＢの使命をめぐる対立ではなく、むしろ学問的な金融理論と中央銀行の実務とのギャップからくるものだった。ストロングにとって注目すべきものは、お金の量ではなく信用の価格、つまりは金利だった。ストロングの発想は、融資の速度は融資がどれだけ儲かるかに左右されるというものだ。これはつまり、融資利率とマネーマーケットの市場金利との差ということだ。だから中央銀行の介入は、適切にもマネーマーケットの金利水準に注目し、銀行準備高への支配力を使って、融資の勢いを左右した。

１９２０年代には、生まれつつある中央銀行の実務（ストロング）は経験無視の学術的金融理論（フィッシャー）を簡単に蹴散らしたが、１９３０年代と１９４０年代にはその自分が、恐慌と戦争によって蹴散らされてしまった。結果として金融政策は、学術界でも政策界隈でも大幅に軽視されるようになった。１９５０年代に平和と繁栄が復活したときに、この古い論争も復活したが、少し形はちがったし、登場人物も新しくなっていた。

　学術界では、シカゴ大学経済学教授ミルトン・フリードマンがアーヴィング・フィッシャーの衣鉢を継いでいた。彼は物価を直接安定化しろとは言わず、むしろマネーサプライの成長を安定化しろと述べた。[9] 実体経済の長期成長の歴史パターンを見ると、長期の物価安定を実現するには、３％くらいでマネーサプライを増やし続けるのがいい、とフリードマンは述べた。本書の話で重要な点として、フリードマンは短期的なお金と物価との実証的なつながりの弱さを認識し、反循環的な安定化を能動的に目指すという目標は放棄しろと主張した。この点でフリードマンのマネタリズムは、アーヴィング・フィッシャーと袂を分かつもので、その方向のために彼は中央銀行の実務からさらに遠ざかった。学術理論と中央銀行の実務とのギャップは、戦後には戦前よりさらに拡大したのだった。

　一方、ＦＲＢ側でベンジャミン・ストロングの衣鉢を継いだアラン・スプロールとウィリアム・マクチェスニー・マーティンは、反循環的な金融政策（「風に逆らってみせる」）がまちがいなく重要だと考えた。１９２０年代から変わったのは、雇用法の後で経済安定性へのコミットメントはずっと広いものになっており、使えるツールもずっと増えたということだった。金融政策で全部やる必要はなかったので、中央銀行は安定化政策の中から自分のツールが最も適している側面を選べた。マネーマーケットを安定化させれば、物価水準とひいては経済活動を安定化させるという、もっと広い社会目標について、自分なりの役割を果たせる。フリードマンのマネタリズムは、スプロールが奨励したかった学術研究ではなかった。

おそらくスプロールが考えていたものに近いのは、1960年の著書『ファイナンス理論におけるお金』でハロルド・ムールトンを復活させた、ジョン・G・ガーリーとエドワード・S・ショーの研究だ。ムールトンは、流動性をシフト能力として捉え直した人物だったのをご記憶だろう。シフト能力概念のほうが、長期資本の資金調達に銀行への関与がずっと強いアメリカでの条件には適しているのだ、と彼は論じた。ムールトンの発想を受け継いだガーリー＝ショーは、ニューディールで導入された銀行規制には資本蓄積を阻害するという想定外の副作用があるという懸念を述べた。新しい金融仲介業、特に年金基金や保険会社が、かつて銀行の果たしていた役割に取って代わりつつあるが、その代替が不十分なのだと言う。家計は流動性選好のため、貯蓄を比較的安全な銀行負債へと向ける傾向がまだ強かったからだ。

ガーリー＝ショーの理念形によると、各金融仲介業は、特徴的な負債を発行しているが、それが惹きつける最終貯蓄者のセグメントはそれぞれちがっている。仲介業者は、その集めた資金を使って最終借り手セグメントのそれぞれが発行する、独特な資産を購入する。この金融市場の制度機関別のまとまりは、規制の縛りによってアメリカの金融システムに作り込まれた、硬直性を捉えようとしたものだった（まさにスプロールが「短期国債のみ」への反対で強調した硬直性だ）。だがガーリー＝ショーはもっと先へ話を進めた。銀行業への規制のおかげで、資産保有者たちは自分の流動性選好を満たせるような資産を市場で見つけられず、結果として流動性プレミアムが無用に上がり、おかげで資本蓄積全般と長期成長が阻害されているというのだ。さらに、中央銀行が銀行信用の管理を通じてお金を管理しようとすると、銀行信用に最も依存する特有の資本蓄積形態を阻害する危険が生じる。どちらの面でも、長期の成長が、短期の循環平準化のために犠牲になっている。ＦＲＢにはもっといいやり方があるはずだ、と言う。

ＦＲＢでも学会でも、１９５０年代は金融再構築に充てられた時代だ。これは制度的な構造と、知的な枠組みの両面について言える。どちらの面も１９６０年になると、おおむね１９３０年に逆戻りしていた。お金がまた意味を持つようになっていたのだ。１９３０年代にＦＲＢと金融経済学を襲ったすさまじい地位低下を考えれば、これは並大抵の業績ではない。だが、お金を再び議題に戻すというのは出発点でしかなかった。というのも、その間に世界は先へ進んでいたからだ。１９６０年以降の問題は、お金についての新たな認識を、もっと大きな制度的枠組みとマクロ経済学の知的枠組みの中に統合する方法を見つけることだった。制度も知的枠組みも、１９３０年以来の数十年ですさまじい変化を遂げていたからだ。

金融ワルラス主義

大恐慌という災厄を理解する方法の一つは、狭い金融政策の破綻として考えるのではなく、もっと一般化した分散化市場システムの破綻として考えることだ。需要と供給の変動に対応した価格決定は、経済全体の満足な活動を保証するには明らかに不十分だったわけだ。不安定性と失業の経験は容認できないものだったし、その結果として制度的にも知的にも別のやり方を探る余地が生じた。一つの代替案は市場経済を丸ごと放棄して、中央集権式の統制経済で置き換えることだった。アメリカの戦争経済の成功は、そうした可能性が機能できることを十二分に示していた。

でも他のやり方があるのかもしれない。政府が統制するのではなく、管理するだけの中道だ。その中道を探究しようという意志こそが、通称ケインズ革命の信条だった。少なくともアメリカではそうだった。

すでに述べたとおり、ＦＲＢによる「マネーマーケットの秩序ある条件」を維持するという１９３７年の約束は、理想化された規範を参照しないと意味をなさない。当時その理想化された規範とは、流動性で補った期間構造の期待仮説（ＥＨ）だった。また、もっと広い１９４６年の「最大限の雇用、生産、購買力を促進する」という約束も、理想化された規範を参照しないと意味をなさない。お金がやっと再び意味を持つようになった１９６０年には、経済学者と政策担当者はすでに、不完全な現実を比較するための理想化された規範を見つけていた。その規範とは、１８７４年にレオン・ワルラスが提案した一般均衡モデルだった。

ワルラスの一般均衡モデルを、現実世界の逸脱を補正するときに参照すべき理想化された規範として最もはっきり提示したのは、ジョン・ヒックスだったようだ。彼が最初にそれをやったのは１９３７年の論文「ケインズ氏と『古典派』たち」で、続いて１９３９年の著書『価値と資本』だ。ワルラスは、経済を一群の連立方程式として見たことで有名だ。そのそれぞれは、ある特定の商品の供給を、その商品への需要と等しくする。この体系の均衡はすべての方程式を同時に満たす価格集合となる。１９６０年には、アローとドブリューがワルラス式の一般均衡のアイデアを、完全に厳密な数学的定式化へと発展させていたが、彼らのモデルには一つ問題があった。お金がまったく入ってこないのだ。[10]

だからお金を図式に持ち込みたい人は、ちがう出発点を探すしかなかった。それが１９３８年ヤコブ・マルシャック論文「お金と資産の理論」だ。これが金融ワルラス主義の起源だ。お金をめぐってケインズ革命がたどった、実用的な形となる。ワルラスのアナロジーとして、経済の金融側もまた連立方程式群として扱うというのがその考えだ。それぞれの式はある金融資産の需要と供給を示すものとなる。お金はそうした資産の一つでしかない[11]。

マルシャックのアプローチが受け入れられるにはしばらくかかった。戦争のせいもあったし、金融の地位低下のせいもある。だが１９５２年にハリー・マーコウィッツはその独創的な「ポートフォリオ選択」でマルシャックのアプローチを復活させ、１９５８年にはジェームズ・トービンがこのアプローチを使って、「リスクに対する行動としての流動性選好」でお金の需要の理論を開発した[12]。こうした論文で、この新しいアプローチが使えそうだとわかったので、次の問題はこのお金への新アプローチを、ガーリー＝ショーが強調したアメリカ経済の制度的な固有性とつなげ、またスプロールとマーティンが強調した実務的な安定化政策目標とつなげることだ。１９６０年代に、ジェームズ・トービンを筆頭に多くの人がやっていたのは、まさにこの作業で、その集大成が彼の１９６９年論文「お金への一般均衡アプローチ」だ。

実は、ガーリー＝ショーはすでに、家計の流動性選好を単にお金の需要だけでなく、もっと一般的なポートフォリオ選択の問題として示すことで、トービン流の金融ワルラス主義の道を先取りしていた。ガーリー＝ショーの枠組みだと、アメリカ経済の制度的な固有性は、資産供給に各種の歪みをもたらしており、資産の価格はあらゆる資産をだれかが確実に保有するように動いた。トービンにとってはこうした歪みは理想からの逸脱だったが、理想に近づこうとする政策担当者にとっては足がかりとなるものだった。このように、トービンは金融当局が資産価格（ひいては実体経済活動）に影響を与える能力が「金利が法や慣習によって外生的に固定されている」という事実から生じていることを強調した[13]。他の制度的硬直性、たとえば「要求払い預金の金利禁止や定期預金利率の上限」なども政策のための手がかりとして使える。

実質的に、トービンはガーリー＝ショーを使って、学術理論と中央銀行の実務を橋渡しした。だがいったんこの橋ができると、そこを流れる交通はおおむね、学術理論から実務に向かうもので、その逆ではなかった。トービンの手にかかると、ガーリー＝ショーのビジョンは単に、短期の比較静的分析にだれもが使う、標準的なヒックス＝ハンセンのＩＳ－ＬＭモデルの仕様を細かくしただけになった[14]。トービンの論文の結論によれば、金融政策などの金融事象の「影響が単一の外生的あるいは中間的な変数で捉えられると考えるべき理由はない。それが金融ショックだろうと市場金利だろうと」。これはマネーストックに狭く注目したがる学術マネタリストと、金利に狭く注目したがる中央銀行実務家の両方を狙い撃ちしたものだ。それはまた、スプロールとマーティン的な、ＦＲＢの仕事はかなり広範な金融部門全体を安定化させることだという発想と、足並みを揃えようとする試みでもある。

マルシャック＝トービンの枠組みは、ＦＲＢのアメリカ経済に関する大規模計量経済モデルの中で金融部門モデルとして運用されるようになり、理論だけでなく金融実務の枠組みにもなった[15]。このモデルの発想としては、各種の政府政策として考えられるレバーが、それぞれ経済的に関心のある変数――産出、雇用、資本投資など――にどう影響するかを示す、実証的に補正されたモデルを構築し、そうしたレバーの使い方について知見を得ることだった。金融政策は、経済の金融部門に関係するありとあらゆるレバーを含むものとして広く捉えられた。これは管理の時代の絶頂期であり、新しいケインズ派経済学の科学が、いくつか少数の戦略的政策レバーを操作するだけで、１９４６年雇用法の野心的な目標を達成できることを示すかのように見えた時代だった。

その興奮に囚われたため、このトービン流の金融ワルラス主義が、流動性の性質に関するシフト能力ビューの神格化に他ならないことにだれも気がつかなかったようだ。供給に制度的な硬直性はあれど、トービンモデルの資産はすべて、需要と供給のバランスで決まる価格で売買できる。実質的に、あらゆる資産について同じ市場流動性が想定されているわけだ。お金の需要というのは究極の流動的な資産への需要なのではなく、究極の無リスク資産への需要でしかない。というのもすべての資産は流動的だと想定されているからだ。

アロー=ドブリュー版のワルラス理論が金融政策の規範として使えなかったのは、そこにお金の居場所がなかったからだというのを思い出してほしい。これに対して、マルシャック=トービン版のワルラス理論には、お金というレッテルが貼れそうなものはあったが、別の問題を抱えていた。それは、お金の決定的な特徴としての流動性を、捨象して消してしまったということだ。マルシャック=トービンの理想化は、終戦直後の硬直的な制度設定の中ですぐに問題は引き起こさなかった。というのも、金融資産の圧倒的な部分は国債で、そのすべてにはＦＲＢの下支えがあり、まったく同じ完全な流動性を持っていたのだから。だが硬直性が緩められ、民間資本市場が回復すると、流動性を捨象して消したのがますます問題になってくる。

トービン自身は、来るべきものについて匂わせている。彼の１９６９年モデルでは、あらゆる政策レバーは制度的な硬直性に依存している。すると、その硬直性が緩められたりしたらどうなるだろうか？　そしてその後数十年で、まさにそれは緩められていった。トービンは率直に明言している。「市場と自然な資本収益率との間には一切の乖離の余地がなくなるし、市場の価値評価と再生産費用もまったく乖離がなくなる。金融政策が総需要に影響する余地はまったくなくなる。実体経済が金融部門の条件をすべて決め、その反対方向のフィードバックは一切なくなる[16]」。だからトービン自身のモデルによれば、いったん硬直性が緩めば理想の規範が政策介入なしに実現する。決定的な点として、その理想的な規範は、完全に市場がクリアするワルラス的な均衡であり、それはお金の居場所がないモデルなのだ。

ここでの話で重要な点は、あらゆる硬直性が緩められたときに登場する、その理想的な規範というのは、流動性が無料の財となる世界だということだ。その理想的な世界では、実物消費と金融資産の双方を含むあらゆるものが、完全にシフト可能だ。現実を計測すべき規範がこれであり、政策介入の目指す方向もこれだ。この規範がいかに非現実的で実現不可能かを示すものとしては、この理想世界ではＥＨが、流動性プレミアムを追加するまでもなく成立してしまうということに留意してほしい。それでも、これが理想なのだから、それを実現するのがＦＲＢの仕事になった。この理想は流動性が無料の財である世界なので、ここからＦＲＢの仕事は、流動性を無料の財として供給することなのだという話になりそうだった。

ミンスキーの異論

歴史的に振り返ってみれば、マルシャック＝トービンの枠組みだけが先に進むための唯一の道ではなかったことがわかる。その採用されなかった方向性が、再構築版のマネービューだ。マルシャック＝トービンのモデルとはちがい、古典的な中央銀行実務の根底にある論理は、硬直性や非効率性には一切依存していない。むしろ古典的な中央銀行文献が開発した銀行金利管理の理論は、最終的には危機のときに中央銀行が果たすべき最後の貸し手という役割に基づくものだった。危機の起源は、信用の本質的な不安定性の問題なのだと考える古典的な中央銀行実務は、投機的な過剰の累積を防ぐために、危機の前に介入しようとした。確かにアメリカの銀行実務はちがっていたし、結果としてアメリカの中央銀行実務は、割引操作よりも公開市場操作を重視するようになっていた。それでも中央銀行の問題と使命に関する古典的なビジョンは、ＦＲＢが資金流動性の統制を通じて市場流動性を左右する能力に注目すれば、当時のＦＲＢにもすぐに適応できたはずなのだ。

　アメリカの学術界では、そうした中央銀行思想の古い伝統とのつながりを維持していた最も有力な声がハイマン・ミンスキーだった。彼はセントルイスのワシントン大学経済学部教授だった[17]。ハーバード大学でヨーゼフ・シュムペーターに師事したミンスキーは、自分の思想の中心に、国の資本発展は金融システム、特に銀行システムの組織と運用に決定的に依存しているのだというシュムペーターの発想を据えた。ミンスキー初の発表論文「中央銀行とマネーマーケットの変化」（１９５７）は、新しいマネーマーケットのツール、具体的にはフェデラルファンドとレポ市場が、ＦＲＢの運用上の有効性にとって持つ意味に取り組もうとする、学術界すべてで初の試みとなっている。

　ミンスキーの考えによれば、こうした市場が提供する弾力性は、最終的には金融政策を経済全体の安定化に使おうという試みを潰すことになるが、一方では最後の貸し手という中央銀行のもっと古く根本的な機能を温存することになる。アメリカの学会での議論は、マネタリスト（ミルトン・フリードマン）とケインズ派（ジェームズ・トービン）の論争としてまとまりつつあったが、その中でミンスキーは古典的なイギリスの中央銀行実務を現代のアメリカの条件にあわせて再構築する、第三の立場を作ろうとしていた。ミンスキーがイギリスの実務を理解するために使った情報源はホートレーではなく、むしろリチャード・セイヤーズだった。その聖典とも言うべき歴史書『イングランド銀行の運用、１８９０-１９１４年』は、消え去った戦前の仕組みがどのようなものだったかを説明していた。だが「金融不安定性仮説」というミンスキーの結論は、信用の本質的な不安定性の強調という点で、ホートレー的な味わいが少なからず含まれていた。

　ミンスキーが懸念した信用は、ホートレーの商人取引信用ではなく事業投資信用だ。つまりアメリカ企業による資本投資支出の資金調達に充てられる銀行融資だ。企業が借入れをするときには、将来の支払いストリームを約束する。そしてそうした支払いを実現する彼らの能力は、その投資からのキャッシュフローが差し引きでプラスになるかどうかにかかっている。ある企業のソルベンシーは、支払い約束の当期価値評価（負債）と、期待キャッシュフローの当期評価（資産）のバランスだ。だが企業の流動性は、そうした支払い約束と実現したキャッシュフローの時間パターンとの一致に左右される。資本を使う経済の基本的な問題は、流動性欠如が日常茶飯だということだ。というのも、実現されるキャッシュフローの実に多くが長期資本資産からきているからだ。そうした資本資産は、かなり長期にわたってキャッシュフローを生み出す。ということは経済全体としては常に流動性の問題が起きるということで、ひいては経済の中の各エージェントにとっても問題が生じるということだ。

ミンスキーにとって、信用の本質的な不安定性は、現金の約束とキャッシュフローとのバランス変化をめぐる話だった。「ヘッジ」型の資金調達構造では、約束された将来の現金は常に実現したキャッシュフローより少なくなるので、本質的に安定している。こうした形で資金調達した企業は、決して流動性の問題は起こさず、他の問題に専念できる。問題は、ヘッジ構造はやがて投機的、ねずみ講的な構造に置き換わってしまう傾向があるということだ。そうなると企業は、それに対応するキャッシュフローでは必ずしもまかなえない支払いを約束するようになる。景気が良ければ、こうした脆いファイナンス構造でも何も問題は起きない。負債の支払期日がきたら、借り換えて先送りすればいい。だがそこに脆弱性はまちがいなくあるし、この借換えメカニズムが少しでも切れたら、大混乱になる。断絶が生じたら、結果として生じる混乱は、そうした断絶に耐えられない投機・ねずみ講構造がどこまで広がっているかで決まる。

なぜ脆弱性が高まる傾向が出るのか？　最終的にその理由は、資産保有者の流動性選好だ。自分が資金を出している実物資本資産の寿命の間、ずっとお金がそこに縛られるのを嫌う投資家は、期日の短い金融資産を獲得するため、低めの約束イールドでも受け入れようとする。こうすることで、彼らは要するに借り手に賄賂を渡して、長期資本投資に内在する流動性リスクの一部（証券満期後のすべて）を受け入れるよう仕向け、自分は残り（証券満期前のすべて）をかぶるのだ。貸し手からすれば、いったん融資をしてしまえば、お金を早めに取り戻す唯一の方法は、その融資をだれかに売りつけることだ。これは**市場流動性**だ。借り手にとって、融資に指定された一連の支払いを期日になって先送りする唯一の方法は、他の人にお金を支払って肩代わりしてもらうことだ。つまり、期日ごとに負債を借り換えることだ。これは**資金調達流動性**だ。

ミンスキーの考えでは、脆弱性への傾向は、資産価値評価と信用力との相互作用からくる。ホートレーは在庫の価値評価と、その価値評価が取引信用の提供にフィードバックされる点を強調したが、ミンスキーは資本資産の価値評価と、それが資本信用の提供に与えるフィードバックを強調した。信用資金による支出は他の人の所得となる。現在の所得にもなり、将来の見込み所得にもなるし、その所得を資本化すると資産価格は上がり、信用力が改善されて、支出がもう一巡できる。結果として生じる不安定性は、ホートレーが想像もできなかったほど大きなものになる。というのも、資本資産の価格は在庫よりもずっと変動の余地があるからだ。この幅の広い価格の変動のおかげで、単なる金利政策では不安定性をコントロールしきれなくなる。

こうした世界でいちばんいい手口は、ミンスキーによると中央銀行の割引窓口における担保政策を使って、投機的な資金調達構造を抑え、ヘッジ型資金調達構造を奨励することだった。危機が起きたときに、ヘッジ型資金調達しか割引対象にならないと知っていれば、好況時には脆弱性の増加を多少は抑えられるし、だから景気低迷でも崩壊の規模は抑えられる。ちょうど国債によるＦＲＢの操作が短期国債の二次的な準備高としての使用を促進したのと同じく、民間ヘッジ資金調達についてのＦＲＢ操作は、そうした負債の流動的な市場を作り出すはずだ。危機になると、この負債はＦＲＢのバランスシートに移り、平常性が回復すれば、また出て行くことになる。

ミンスキーの見ていた世界はそういうものだったが、マネタリストもケインズ派もそうは考えなかったし、学術界を支配していたのはこの両者の論争だった。彼らの論争は、経済の総量がある決まった均衡点の周りで変動するのをどのように管理するかというもので、信用の本質的な不安定性を抑える話はまったく出てこなかった。積極的な管理の可能性についてのミンスキーの悲観論のため、彼は楽観的なケインズ派にも入れてもらえず、民間信用経済の本質的な不安定性に関する悲観論のため、楽観的なマネタリストにも入れてもらえなかった。ミンスキーの見方は中央銀行思想の偉大な伝統に連なるものだったが、その連続性は、過去を捨てて新しいものを作ろうとする戦後期においては不利に働いた。

　そういうわけで、中央銀行の真理を現代の状況にあわせてミンスキー的に再構築する代わりに、金融ワルラス派的な方針に沿った能動的なお金の管理が実現した。物価上昇期にはＦＲＢは金融政策を引き締めてマネーマーケット金利上昇を引き起こし、民間の流動性提供のインセンティブを作り出した。結果として、預金証書、銀行ＣＰ、ユーロダラー借入れといった金融イノベーションが登場した。高金利のため、投機的なポジションの満期時に借り換えるためには、もっと多額の将来現金支払いを約束するしかない。つまり借換えが成功しても脆弱性は高まりがちだということだ。だから脆弱性への自然な偏りは、金融当局の操作によって抑えられるどころか増幅された。典型的なサイクルだと、やがて最も無理をしすぎた部分について借換えが不可能となり、危機が勃発して、中央銀行が事後的にその後の惨状を尻拭いするはめになる。

第４章 スワップの妙技

１９５７年にミンスキーがすでに国内マネーマーケットで気がつき始めていたパターン、つまり能動的なお金の管理への応答としての金融イノベーションは、国際マネーマーケットにも登場しつつあった。それどころか、大恐慌時代の硬直性を打破するのに最も重要だった金融イノベーションがまっ先に登場したのは、国際マネーマーケットだった。ここで言っているのは「スワップ」、なかでも通貨スワップのことだ。これは国際資本フローに対する戦後の統制を迂回する方法として最初に登場してきたものだった。

第二次世界大戦後、アメリカ国債は国内にとどまらず、国際的にも世界の通貨となった。１９４４年ブレトン・ウッズ協定は現実の事実を追認した。その大きな事実の一つは、アメリカが世界の黄金準備のほとんどを保有しているだけでなく、最も生産的な資本の大半を保有しているということだった。戦後のヨーロッパはアメリカからありとあらゆるものを輸入し、それをドルで支払うので、世界の貿易システムは事実上はドル本位制となる。金本位制へのノスタルジーのため、ドルは黄金に1オンス＝35ドルで名目的に固定されたが、みんなが必要だったのはドルであり、黄金ではなかった。そしてみんなが得たのもドルだった。その一部は無償援助（復興支援のマーシャルプラン）、一部は借入れ、一部はドルに対する外貨の持続的な過小評価により獲得された。

当初からブレトン・ウッズ体制は矛盾の上に成り立っていた。それは国際的には固定為替システムを確立しつつ、個別の国民国家のレベルではマクロ経済管理の協調をしないというものだ。この矛盾への解決法は資本統制であるはずだった。一部の国は緩いマクロ経済政策を持ち、別の国は厳しいマクロ経済政策を持つ。緩い国が厳しい国に制約されないように、個別国は国際資本フローの出入りを統制していいとされた。

スワップは、個別企業がこうした国の統制を迂回する手法として誕生した。こうしたスワップの最初のものはパラレル・ローンとして仕組まれ、このパラレル・ローンの仕組みはいまでもそれを理解する最もストレートな手法だ。ただし、後の発展によりこのローンは明示的ではなく、暗黙のものになっていった。[1]

実際、金利スワップ（IRS）やクレジット・デフォルト・スワップ（CDS）を理解する最もストレートな方法は、それをパラレル・ローンとして考えることだ。この二つは後に、アービトラージの論理を、発展する戦後金融システムに広げるにあたり、鍵となる役割を果たしたのだった。スワップの発想がその中核にあり、そのすべては通貨スワップから始まったので、このスワップの仕組みを理解しておくのがいささか重要となる。

通貨スワップとＵＩＰ規範

銀行業の本質は借用証（ＩＯＵ）の交換（スワップ）だ。銀行が融資をするとき、それはバランスシートの資産側にその融資を載せ、負債側にはその借り手の名前で預金を載せる。初の通貨スワップは、この伝統的な銀行業の発想をちょっとひねっただけのものだった。

アメリカのＡ社がドルを持っていて、イギリスの子会社の拡張資金としてポンドが必要だったとしよう。一方、イギリスのＢ社は、ポンドを持っているが、アメリカの子会社の拡張資金としてドルが要るとする。さらに、資本統制のため通貨を取引して希望する投資を直接はできないとしよう。

パラレル・ローンの仕組みを使えば、基本的に同じことが実現できる。

やり方はこうだ。アメリカのＡ社は、ドルをイギリスＢ社のアメリカ子会社に貸す。イギリスのＢ社は、ポンドをＡ社のイギリス子会社に貸す。国境を越えるお金はまったくないので、法の文言は遵守される。でも、純フローはなくても、まともな人間であればこの取引でかなり多額の総フローがあったことは認めるはずだ。その両者が相殺されているだけだ。実質的にＡ社とＢ社は他のみんなを縛る制約を迂回している。このＩＯＵのスワップは、関係者たちのバランスシートへの計上として次ページ図のように書ける。

パラレル・ローンとしての通貨スワップ

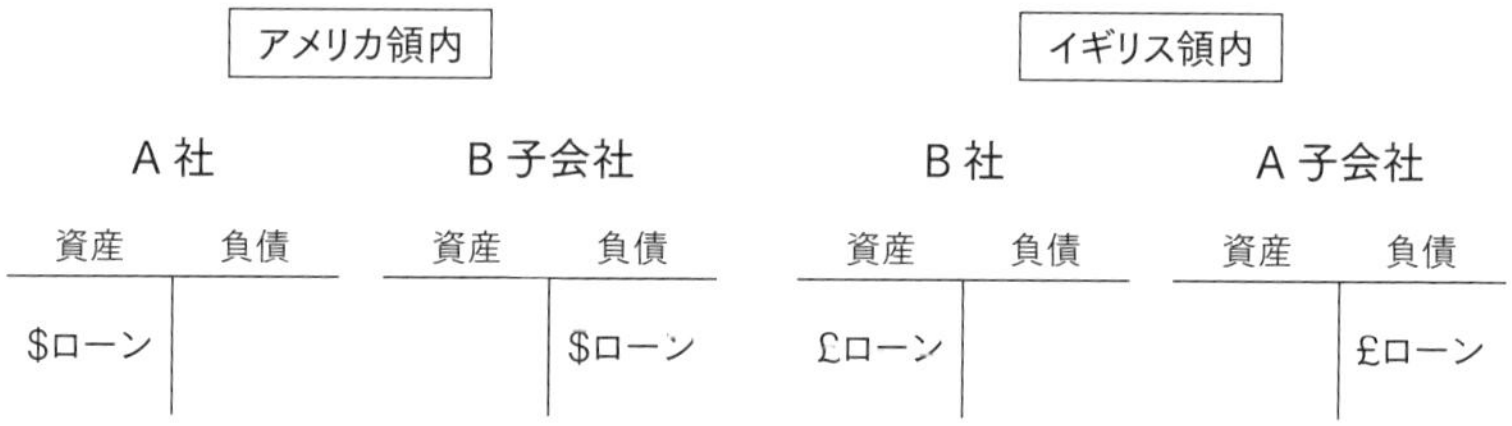

でも信用リスクは？　万事快調なら、アメリカの会社はイギリスの会社のアメリカ子会社からドルで返済を受ける。でも子会社が返済しなかったら？　その場合、アメリカのA社は自分の子会社に、スワップのポンド側の支払いを止めろと指示する。実質的に、それぞれの融資はもう片方の融資の担保になっているから、潜在的な信用損失は限られている。返済が中断されても融資の全額が損失になるわけではない。ただし、アメリカのA社としては、子会社が手に入れたポンドを取り戻す方法がないのは事実だ。それをやるには、スワップをしてくれる別のイギリスの会社を見つける必要がある。

この種の期日前清算リスクを減らす一つの方法は、それぞれのスワップに銀行を噛ませることだ。だがこれだと、パラレル・ローンの仕組みが問題を引き起こす。各カウンターパーティーのポジションは銀行のバランスシートをその融資総額分だけ拡大してしまうので、準備高要件も増え、貴重な資本が吸収されてしまう。それを逃れるには、取引を実際のＩＯＵではなく暗黙のＩＯＵのスワップとすることだ。こうすると、パラレル・ローンの仕組みが通貨スワップになる。

両者がこのスワップを、お互いにやるのではなく、Ｊ・Ｐ・モ

A社

資産	負債
[$ローン	£ローン]

J.P.モルガン

資産	負債
[£ローン	$ローン]
[$ローン	£ローン]

B社

資産	負債
[£ローン	$ローン]

ルガン相手にやるとしよう。Ｊ・Ｐ・モルガンはアメリカにもイギリスにも支店を持っている。Ａ社は、Ｊ・Ｐ・モルガンにポンドを支払ってドルを受け取ると約束する。Ｂ社は、ドルを支払ってポンドを受け取ると約束する。この取引ではみんな、受け取ると同時に支払っているので、一連の総量エクスポージャー（融資）としてではなく、一連の単なる純エクスポージャー群（スワップ）として計上できる。パラレル・ローンの仕組みは残るが、以下のように舞台裏に隠れてしまう。以下では、暗黙のＩＯＵを示すのに角カッコを使おう。

　この仕組みだと、Ａ社もＢ社も相手の期日前中断リスクへのエクスポージャーはない。そのエクスポージャーがあるのはＪ・Ｐ・モルガンだけだが、Ｊ・Ｐ・モルガンは個別企業には使えない流動性の源泉にアクセスできる。スワップのレッグがどれか早期に打ち切られても、Ｊ・Ｐ・モルガンは別に代わりのカウンターパーティーを探すために慌てる必要はない。別の銀行とＩＯＵをスワップして簡単にヘッジできる。具体的には、Ｂ社が中断したとしよう。するとＪ・Ｐ・モルガンはカウンターパーティーとなる、Ｃ銀行を探す。ドルを支払って（つまり預金口座負債を発行）、ポンドを受け取る（預金口座資産を保有する）銀行だ。こうした預金が実際のＩＯＵではなく暗黙のＩＯＵなら、ここにできるのはフォワード取引と呼ばれるもので、Ｊ・Ｐ・モルガンとＣ銀行とが、今日固定した為替レート

A社

資産	負債
[$ローン	£ローン]

J.P.モルガン

資産	負債
[£ローン	$ローン]
[$預金	£預金]

C銀行

資産	負債
[£預金	$預金]

でポンドとドルを将来交換すると約束するものだ。

いったんこの種のヘッジがたくさん出回るようになったら、J・P・モルガンは次の一歩を踏み出せる。A社とB社のスワップを仲介（ブローカー）して、そこに自社のカウンターパーティー信用拡大を追加するだけでなく、J・P・モルガンはディーラーとして行動できるようになる。通貨スワップのビッド価格とアスク価格を公表して、結果としてスワップ勘定にミスマッチが生じても、ユーロダラーのインターバンク市場に頼ってそれをヘッジできる。こうすれば、資本統制逃れの手段として始まったものが、やがて単なる融資の値づけ手段となる。企業は自分にとっていちばん安い通貨で借り入れ、スワップディーラーと契約して、それを必要とする通貨にスワップすればいい。

でもなぜC銀行はヘッジを提供するのだろうか？ これは明らかに、この仕組み全体についての鍵だし、通貨スワップに限らず後の金利スワップ（IRS）やクレジット・デフォルト・スワップ（CDS）でも鍵となる。ディーラーがこうしたスワップの市場を作るのは、C銀行が確実に、どちらかの側でのマッチしていないエクスポージャーをヘッジしてくれるという見込みがある場合だけだ。おそらくC銀行は儲かるからヘッジを提供するのだろう。でもその利益はどこからやってくる？ 直感を鍛えるために、このヘッジの仕組みをもっと詳しく見よう。

C銀行はJ・P・モルガンとIOUをスワップしたらすぐに、ポンド預金をドル預金と、その時点のスポット為替レート$S=£/\$$で交換する。そして、満期までの時間にわたり、この預金のそれぞれはそのときの金利で利子がつく。ドル預金の利子は$(1+r)$で、ポンド預金の利子は$(1+r^*)$だ。だから満期になったとき、C銀行はドル負債$(1+r)$で、ポンド資産$S(1+r^*)$を持つ。だからその利潤は、満期S_{+1}時点でのスポット為替レート次第だ。利益$=\{S(1+r^*)/S_{+1}-(1+r)\}$となる。スポット為替レートが$S_{+1}=S(1+r^*)/(1+r)$なら、C銀行の利益はゼロになる。この利益なしの為替レートをF（「フォワード」為替レートのFだ）とすると、C銀行の利益は$(1+r)\{F/S_{+1}-1\}$と書ける。フォワード為替レートが実際のスポット為替レートより高ければC銀行は儲かる。低ければ損をする。C銀行がそもそもこの契約を交わすのが利益期待であるなら、フォワード為替レートは期待スポットレートより高いはずだ。

あれこれ述べてきたのは、国際通貨スワップ市場は、自然にある特定のアービトラージ関係を中心にまとまってくるというのを示すためだ。この理想化された規範を経済学者はカバーなし金利平価（UIP）仮説と呼ぶ[2]。期間構造の期待仮説（EH）と同じくUIPも、二つのちがう投資戦略からの期待収益は同じになるはずだと述べる。3カ月だけ投資したいお金があったとしよう。ドル資産に投資してそのドル金利を得ることもできる。あるいは外貨に換えて、その外国の金利で投資して、その収益をドルに戻してもいい。投資はこの二つの間で自由に選べるので、どちらも同じ魅力でなければならない。UIPは「同じ魅力」を、この投資戦略二つの期待イールドが同じと解釈する。二つの投資で金利差があれば、それは為替レートの変化でちょうど相殺されねばならない。UIPはフォワード為替レートは、期待スポット為替レートと同じはずだと述

べる。

だが単純なＥＨと同じく、単純なＵＩＰは実際には成立しないことが多い。そしてここでのＣ銀行の例は、その理由を示唆している。ＵＩＰが成立するなら、Ｊ・Ｐ・モルガンがスワップ勘定の帳尻を合わせるのに必要なヘッジをＣ銀行が提供するインセンティブはない。要するに、ＵＩＰの破綻こそは、通貨スワップ市場でのミスマッチを吸収するリスク分を投機家に補償してくれる期待利益の源なのだ。Ｃ銀行のような投機家はＵＩＰ破綻に賭けていて、ある通貨で借りて別の通貨で貸付けをして、為替レートが自分たちの不利に動いて大損をするリスクを背負いこむ代償として、報酬となる期待利潤を稼ぐのだ。[3] ＵＩＰ破綻の程度と方向性は、通貨スワップ市場のミスマッチの規模と方向次第だ。ＵＩＰは破綻するが、それはミスマッチがない特殊ケースだと成立するという意味では、議論をまとめる規範にはなる。

ＵＩＰ規範の意味合いの一つは、アメリカが世界の他の場所よりも大幅に低い金利を維持できるのは、ドルが外貨に対して増価すると期待されている場合だけだということだ。もし何らかの理由でその期待が消えたら、投資家はドルを持ちたがらない。ドルを外貨に換えたがるだろう。これはまさにアメリカが１９６１年に直面した問題だった。終戦直後には、他のほとんどの通貨は意図的にドルに対して過小評価されていた。これは戦時状況からの移行を促進するためだった。結果として１９６１年になると、ドルには圧力がかかり、ドルと黄金のペッグがだんだんつらくなってきた。ＵＩＰアービトラージに対してドルの黄金価値を防衛するため、アメリカは短期金利を上げねばならなかったが、これは新生のケネディ政権が絶対にやりたくないことだった。彼らは資本投資を刺激するための低金利政策を約束していたからだ。

有名な１９６１年のツイスト作戦は、一挙両得の試みだった。ＦＲＢはドルの価値を支えるために短期金利を引き上げるが、同時に長期の国債市場に介入して、短期金利上昇が長期金利に波及するのを防ぐ、という発想だ。明らかにこれはマーティンの「短期国債のみ」方針の放棄だが、それ以上にこれは、ＥＨ規範を新しいマルシャック＝トービンの金融ワルラス派規範で置き換える第一歩だった（ちなみにトービンがケネディ政権下で経済諮問評議会の議長を務めており、その立場でツイスト作戦の実施を率いたというのは偶然ではない）。

金融史研究者たちは、ツイスト作戦はおおむね役立たずだったと報告する。というのもＦＲＢが短期国債を売って長期国債を買っていたときに、財務省はその逆のことをやっていたので、市場に対する純影響はほとんどないも同然だったからだ[4]。本書での話にとってこの作戦が重要なのは、これが国際マネーマーケットにおけるＵＩＰ規範を不承不承受け入れると同時に、国内資本市場でのＥＨ規範を意図的に放棄するものだったからだ。国内金利の期間構造を平らにしようとする中で、この政策は短期プレミアムの価値を、ＥＨ規範が示唆するものより低く設定しようとする活動となった。自分たちを市場規範に合わせるのではなく、独自の理想化された規範を設定しようとしていた。政府はその規範の結晶がトービンの１９６９年論文「金融理論への一般均衡アプローチ」だ。

だが実は、もともと国際分野での規制の硬直ぶりを克服するために開発されたスワップ技法は、国内分野での規制硬直性の克服にも簡単に応用できるのだった。そしてこうした硬直性が克服されるにつれて、ＥＨ規範は国内マネーマーケットの自然な組織原理として再び台頭するようになる。ちょうど、ＵＩＰ規範が国際通貨市場での自然な組織原理として確立したのと同様だ。いまにして思えば、マルシャック＝トービン規範の歴史的な役割は、堅牢な民間ディーラー機能再構築の利潤インセンティブをもたらす、アービトラージ機会を作り出すことなのだった。

すばらしき新世界

経営コンサルティング企業アーサー・Ｄ・リトルで働くコンピュータ専門家フィッシャー・ブラックは、おそらく１９７０年という時点でまっ先に将来を見通した人物の一人だったはずだ。「このように長期社債は、実は別々の三人に売れる。一人は債券のお金を供給する。もう一人は金利リスクを負担する。もう一人はデフォルトリスクを負担する。この最後の二人は、債券そのものには一切資本を出す必要はないが、何か担保は出す必要があるかもしれない[5]」。

今日、ブラックが想像していただけの世界が現実となり、彼が想像していただけの証券が、金利スワップ（ＩＲＳ）やクレジット・デフォルト・スワップ（ＣＤＳ）となった。先に登場したのは金利スワップ（ＩＲＳ）で、１９８０年代に登場した。クレジットスワップはもっと最近で、１９９０年代に登場した。現代ファイナンスの観点からすると、こうしたリスクを切り出して別々に売るのは、その価格を正しく設定するための鍵となるものだった。そして価格が設定できれば、システム全体の効率も改善される。マネービューの観点からすると、こうしたリスクを切り出して別々に販売するのは、金融理論と政策におけるマルシャック＝トービン規範を否定するための鍵なのだった。

この「切り出し」プロセスはどう機能するのか？　「スワップ」という名前についていることで、

投資家さん

資産	負債
社債	
[長期国債	社債]
[短期国債	長期国債]

デフォルトさん

資産	負債
[社債	長期国債]

金利さん

資産	負債
[長期国債	短期国債]

何かＩＯＵのスワップが登場するというヒントは出ている。そこではあるカウンターパーティーは、ある将来支払いのストリームを提供すると約束し、別のカウンターパーティーは、ちがった将来支払いのストリームを提供すると約束する。舞台裏には、暗黙のパラレル・ローンの仕組みがあり、スワップを理解するには、その根底にある仕組みを念頭に置くほうがいい[6]。このような二つのＩＯＵスワップを行った社債保有者のリスクエクスポージャーを考えてみよう。

2行目で、投資家さんとデフォルトさんは、暗黙のＩＯＵをスワップする。これがクレジット・デフォルト・スワップ（ＣＤＳ）の本質だ。投資家さんは、企業が社債に対して行うのと同じ支払いをすると約束し、デフォルトさんは、アメリカ財務省が同じ満期日の長期国債に対して行うのと同じ支払いをすると約束する。社債は通常、長期国債より金利が高いので、投資家さんは普通は、デフォルトさんに純支払いを行うことになる。こうした支払いは債券の保険プレミアムと考えられる。というのもデフォルトが起きたら、投資家さんは単にデフォルトした社債をデフォルトさんに渡し、代わりに無傷の長期国債かそれに相当する現金を受け取ることになるからだ。

3行目で、投資家さんと金利さんが暗黙のＩＯＵをスワップしている。これが金利スワップ（ＩＲＳ）の本質となる。投資家さんは、財務省が長期国債に対して行う固定金利支払いと同じものを支払うと約束し、金利さんは財務省が同じ期間に短期国債に対して行うのと同じ変動金利支払いを行うと約束する。ここでも、長期国債は短期国債より金利が高いのが通例だから、投資家さんは普通は金利さんに純支払いを行うことになる。そしてここでも、その支払いは一種の保険料と見なせる。というのも金利が上がったら、長期国債のキャピタルロスを負担することになるのは金利さんだからだ。

　重要な点は、もしすべてが思いどおりにいけば、こうしたスワップのおかげで投資家さんは、長期の社債ではなく短期国債を保有しているのと同じリスクエクスポージャーだけですむ、ということだ。フィッシャー・ブラックの用語を使って言えば、投資家さんは社債のお金を支払っているが、金利リスクやクレジット・デフォルト・リスクは負っていない。金利リスクを負っているのは金利さんだ。彼は、短期金利が受け取っている長期の固定金利より上がった場合でも、その短期金利を支払わねばならない。そして、デフォルトさんは、デフォルトリスクを負っている。企業が社債の固定支払いを止めても、一連の固定利率の支払いを続けねばならない。

　このリスク移転を考えれば、投資家さんは「保護」を買っているのだと言える。だから、スワップは彼にとっては資産となり、そのカウンターパーティーにとっては負債となる。この慣習はいささか恣意的だ。どっちのスワップも最初は純価値がゼロの証券だからだ。その発行時点では、二つの暗黙のＩＯＵは完全に同じ価値を持つ。後に、ＩＯＵ同士の相対価値が変化すると、スワップに金銭価値が生じる。だがその変化はどちらの方向にも向かう可能性があるし、発行時点ではだれもどちらに動くかわからない。それでも、保護の買い手がスワップを資産として計上するという慣習を採用しよう。だから暗黙のＩＯＵスワップは次ページの図のようにも書ける。

投資家さん

資産	負債
社債	
CDS	
IRS	

デフォルトさん

資産	負債
	CDS

金利さん

資産	負債
	IRS

重要な点は、スワップが実際のＩＯＵスワップとしてではなく、暗黙のＩＯＵスワップとして仕組まれているので、規制上は融資扱いされないということだ。だからスワップは、伝統的な銀行バランスシート用に設計された規制を迂回できる。そうした規制は普通、必要な準備と必要な資本をバランスシートの規模に応じて決めるからだ。ここにいわゆるシャドーバンクの起源がある。この意味で、金利さんは実質的には短期で借りて長期で貸すという、銀行とまったく同じことをやっていて、したがって銀行とまったく同じように流動性リスクとソルベンシーリスクにさらされているのに、それに伴う規制も受けないし支援もないことに注目――ＦＲＢからの流動性支援もないし、ＦＤＩＣからのソルベンシー支援による下支えもない。短期金利が契約した長期金利より上がれば、金利さんの（暗黙の）長期資産の価値は下がるのに、（暗黙の）短期負債を返済するための流動性資金を見つけなくてはならず、スワップが投資家さんのほうで価値を高めると、キャピタルロスを抱え込むことになる。

ここから、投資家さんのリスクヘッジはカウンターパーティー次第だということになる。このカウンターパーティーリスクは、債務の履行を保証するために金利さんが「マージン」を差し入れるよう求めることで管理できる――だがカウンターパーティーへのエクスポージャーは残る。もしスワップの価値が、金利さん（またはデフォルトさん）の耐えられる以上に動いて、担保差入れ能力が尽きたら、リスク移転の有効性は、カウンターパーティーが他のだれかとそれを相殺するようなスワップを組めるかどうかにかかってくる。現代ファイナンスのすばらしき新世界においては、リスク管理は最終的には流動的なスワップ市場の有無にかかってくるし、そこでの流動性とはシフト能力のことなのだ。

さてさっきの通貨スワップの議論が明らかにしたとおり、スワップ市場での市場流動性の源は、ビッド価格とアスク価格を両方提示して双方向市場を作るスワップディーラーだ。そうしたディーラーがいないと、カウンターパーティーが契約満了前にデフォルトしたら、契約で移転されていたリスクはすべて元の持ち主に戻るので、その人は別のカウンターパーティーを探さねばならない。スワップのディーラーはこの借換えリスクを、最終的なカウンターパーティーとの間に入ることで負担する。そして通貨スワップの場合と同様に、ＩＲＳとＣＤＳの流動性はそうしたスワップの双方向市場を作り出すディーラーインフラに依存する。そして通貨スワップの場合と同じく、ディーラーが市場を作りたいかどうかは、スワップ帳簿でミスマッチをヘッジできるかどうかにかかっている。

金利スワップ（ＩＲＳ）の場合、ユーロダラーの先物《フォワード》市場と、それと密接に関連したユーロダラー予約《フューチャー》市場は、自然なヘッジを提供してくれる[7]。その根底にある金利スワップ（ＩＲＳ）の需給バランスの偏りは、利率を期待される将来のスポット利率から先物利率を引き離すようなユーロダラーの先物や予約の市場不均衡としてあらわれる。このギャップこそが、そのオーバーハングを負担する投機家を惹きつけるために必要な期待収益を作り出す。ＥＨは、先物利率は将来のスポット利率のバイアスなき予想になるはずだと述べる。だが実証的には、先物金利は通常は将来のスポット金利よりも高い。この「アノマリー」の理由の一つとして考えられるのは、純ヘッジ需要の系統的なオーバーハングかもしれない。この点で、金利スワップ（ＩＲＳ）の場合のＥＨ破綻は、通貨スワップの場合のＵＩＰ破綻と似たようなものと言える。

　クレジット・デフォルト・スワップ（ＣＤＳ）の場合はこれに対し、ディーラーに提供される自然なヘッジは存在せず、結果として市場は適切なディーラー市場よりはブローカー市場に近いままだった[8]。一部の個別企業の名前が各種の理由から広い関心を集め、したがって他の個別企業のポジションに対するクロスヘッジとして使える。各種のインデックススワップ契約、つまり基本的にはある決まった複数企業のバンドルも、広い関心を集めるのでクロスヘッジとして使える。だがインデックススワップ契約自体の自然なヘッジはないままだ。簡単に言うと、あらゆる中央銀行は国債の市場流動性をいつも高めたがるが、民間負債の市場流動性を高めたがる中央銀行は一つもない。中央銀行が、最後のディーラーという新しい役割を認識したらこれは変わるはずだ。だがそれまで、このシステムは民間負債の市場流動性への下支えなしでごまかし続けるしかない。

　結果として、ディーラーはクレジット・デフォルト・スワップ（ＣＤＳ）市場での純エクスポージャーをヘッジする能力が低く、このため、直接のカウンターパーティー（つまりは投機家）を惹きつけるニーズも高まっているので、期待デフォルト確率で正当化される水準よりも信用保護の価格をつり上げてしまう。保護を売りたい人より買いたい人が多ければ、保護の価格は投機的な販売者を惹きつけるために上がるしかなく、不均衡が逆の方向なら話も逆になる。ＵＩＰとＥＨの破綻を説明するのと同じ論理が、ＣＤＳ市場の自然規範の破綻を説明してくれる。つまり、ＣＤＳの市場価格が将来の期待デフォルト確率を反映する傾向があるということだ。実際、

ＣＤＳ市場の仕組みは、自然なヘッジがないせいでＣＤＳ価格の流動性リスク歪曲が生じると考えるべき理由がもっと大きいことを明らかにしている。

いったんＣＤＳ技法が社債から住宅ローン担保証券に拡張されると（第6章参照）、この価格の歪曲は、信用危機を引き起こすきわめて重要な仕組みになった。だがその当初にそこまで先を見越した人はいなかった。むしろスワップ市場の発達（通貨、金利、次にデフォルト）が値づけの効率性を改善するように動き、したがって信用をもっと自由かつ安く提供できるようにするという点に注目が集まった。重要な点は、こうした各種のリスクエクスポージャーの価格が市場取引で確立され、銀行と顧客の二者間交渉で決まるのではないということのように思えた。社債はリスクエクスポージャーの束でしかないと理解されるようになった。そのリスクエクスポージャーはそれぞれ独自の価格を持つ。そこからは観察された各種の純粋リスクエクスポージャーの市場価格を、債券そのものの値づけに使うまではほんの一歩だった。アービトラージの論理がそれを要求した。だから時間がたつと、アービトラージの論理があらゆるところを支配するようになった。まずは通貨、続いて金利、最後にはデフォルトだ。

現代ファイナンスから現代マクロ経済学へ

各種のアービトラージ値づけ規範が実務の値づけで台頭し始めると、理論的な理解の分野でも台頭してきた。第一歩は現代ファイナンス理論の台頭で、アービトラージの論理が金融市場の価格をどう決めるか説明しようとするものだった。第2のステップは、その新しい理解が現代ファイナンスから現代マクロ経済学に流れ込んだことだった。
　現代ファイナンスとトービンらの金融経済学者共通のご先祖を持つ、戦前のヤコブ・マルシャックが１９３８年に発表した「お金と資産の理論」から、戦後のハリー・マーコウィッツによる１９５２年「ポートフォリオ選択論」までの各種研究だ。だがその後、両者の道は分かれた。トービンは１９５８年「リスクに対する行動としての流動性選好」でマーコウィッツのアプローチをお金の需要理論の構築に使い、その延長が１９６９年「お金への一般均衡アプローチ」だ。一方マーコウィッツの弟子ビル・シャープは、みんながマーコウィッツのポートフォリオ選択モデルの言うとおりに動く経済では資産価格がどうなるかを考えた。結果は資本資産価格モデル（ＣＡＰＭ）で、これが現代ファイナンスの口火を切った。[9]
　ＣＡＰＭの鍵となるアイデアは、あらゆる資本資産がある定式化された意味合いにおいて、お互いの近い代替物だというものだった。それぞれは独自の期待収益と独自の個別リスクを持つ。そのリスクは、収益性の分散として計測されるものだ。だがＣＡＰＭは、資産価格は個別リスクには影響をまったく受けず、総市場リスクへの貢献だけに影響されるのだと述べる。これはその資産の収益性と、市場全体の収益性との共分散で計測される。結果としてＣＡＰＭによると、一部の株式は他のものよりリスクが高いが、リスクの共分散による計測でそのすべては同じ基準に並ぶことになり、共分散リスクの価格はどの株式についても同じということになる。
　このＣＡＰＭの発想はまず株式市場に適用されたが、似たような理屈がやがて、債券市場や通貨市場にも革命を引き起こし、それが期間構造の期待仮説（ＥＨ）や為替レートのカバーなし金利平価（ＵＩＰ）理論などの古い考え方にも重要な影響をもたらした。そうした影響はすべて、リスク理解の変化を核としたものだった。新しいＣＡＰＭの定式化によると、流動性リスクをリスクの別科目として概念化するのは不可能になった。新しい現代ファイナンス理論は、ＥＨとＵＩＰがどちらも流動性リスクという追加要因なしで成立する世界だったのだ。[10]

実際には、ＥＨとＵＩＰは相変わらずデータにあまりよく当てはまらなかった。だがいまや実証的な破綻は、現実の問題であり理論の問題ではないと言えた——市場運営が相変わらず非効率なせいであって、理論のほうが事実を無視した流動性リスクの理論的捨象をしたせいではないというわけだ。さらに、市場価格が理想的な理論から乖離したら、それはすべてアービトラージで儲ける機会を示すものと解釈され、それを利用すると市場はますます完全になる、つまりは現代ファイナンス理論の規範と整合するようになる。「アノマリー」があると、それを利用するキャリートレードが出てきた。低金利の通貨で借りて、高金利の通貨で貸す、短期市場で借りて、長期市場で貸す。リスクフリー金利で借りて高リスク債券に投資する。こうしたトレードのすべてで、レバレッジはリスクを増幅するものではなく、単にアービトラージの利潤を収穫する手法、安く買って高く売る手法と見なされるようになった。

重要な点として、こうしたアービトラージ取引はすべて、資金調達流動性の存在が前提だった。この流動性は変動する。お金が簡単に得られるなら、レバレッジを増やしてキャリーマージンを縮小すればいい。お金がきつくなればレバレッジを減らし、キャリーマージンを広げる。理論によれば、こうしたキャリートレードはすべて均衡では儲からないはずだと述べていたが、実際にはどれも好況期には儲かり、下降期には損になった。信用に煽られたアービトラージこそが、この現代ファイナンスのすばらしき新世界では、ホートレーの述べた信用の本質的な不安定性の化身となった。だが現代経済学者たちはもはやホートレーの本なんか読まなかったし、戦後アメリカの世界に向けてホートレー的マネービューを更新しようとするミンスキーの試みにすら目を向けなかった。どちらも同じくらい古くさく、現代ファイナンス理論の進歩で一掃されたように見えた。

ファイナンスの津波の被害を受けたもう一つの分野がマクロ経済学、具体的には金融理論のマルシャック＝トービンの枠組みだった。ご記憶だろうが、トービンがこの枠組みを開発したのは、経済全体の変動を管理したいという政府を手助けするためだった。発想は、適切な政策レバーの選択と、それぞれのレバーの適切な設定について、学問的な研究対象となる実証的な問題として概念化することだった。当初から、この実証的な問題の答えが経済の制度構造に依存するのは認識されていた。つまりこの考察の根底にある想定は、制度変化は十分に遅いので政策的な検討では無視していいというものだった。この想定が窓口となって、新しいファイナンスの考え方がマクロ経済学に入り込んだ。

制度変化は遅くても無視すべきではないという警告の声はずっとあった。というのも制度変化の方向性は、どうしても選ばれた政策に左右されるからだ。イングランド銀行の主任エコノミストを長く務めたチャールズ・グッドハートにちなむ、グッドハートの法則によれば、一見すると安定した統計的な関係はすべて、いったん政策に使われ始めると崩壊する。[11] トービンの枠組みに基づく大規模な計量経済学モデルは、そうした安定な統計関係と称するものの寄せ集め以上のものではなかったのだ。

その寄せ集めの中で最も弱いアイテムは、通称フィリップス曲線だった。これはインフレと失業の間に一見すると安定な統計関係があると示すものだった。この関係に頼って政策立案していいものか、学問的な評判がこの問題をめぐって浮沈を繰り返した。少しインフレを高めればそれだけ失業を減らせるだろうか[12]？　だがグッドハートの法則の論点はもっと一般的なもので、それが計量経済学プロジェクトの基盤そのものを脅かすことになる。これはシカゴ大学経済学教授のロバート・ルーカスが、有名な計量経済学批判で指摘することだった[13]。ルーカスによれば、経済モデルの行動的な方程式を、政策介入において普遍なものとして扱うのは、論理的にそもそもまちがっているのだ。というのも、エージェントたちは行動を決めるにあたり、現在の政策慣行についての知識を、最適な形で使うはずだからだ。その政策ルールを変えたら、行動だって変わるのだ。

　グッドハートもルーカスも、実質的には経済管理の限界を警告していたのだった。だがその狙いはちがった。グッドハートの狙いは、伝統的な中央銀行の政策、つまりバジョットとホートレーの伝統に沿った慎ましい金利管理が、結局のところミルトン・フリードマンによる、マネーサプライ安定を通じた物価安定というマネタリストの提言よりも信頼できるのでは、と示唆することだった。これに対してルーカスの批判は、グッドハートお気に入りの中央銀行政策にも向けられているようだった[14]。ルーカスの含意は、反循環的な管理というプロジェクトすべてがそもそも筋の悪いものだということだ。ここにあるのは、経済変動を理想的なワルラス的均衡からの逸脱と見るのではなく、外部ショックへの均衡反応として理解しようとする、新しいマクロ経済学の起源だ。

　皮肉なことだが、ルーカス批判の基本的な論点は、実はトービン自身によって無意味なものにされていたのだった。トービンのモデルから硬直性を除けば、ワルラス的均衡の市場クリアモデルが残る。そのモデルには、反循環的な政策で厚生が改善する余地はまったくない。トービンにとっては、ほとんどのケインジアンにとってと同様、こうした市場クリアモデルは実証的な理由から政策には無関係なのだ。そしてそれには一理ある。労働市場も財の市場も、物価変動で瞬間的な需要と供給を一致させるなどという話よりはずっとややこしいようだった。だが経済的な現実の金融側の記述として、制度的硬直性が高いという想定は、ますます現実の発展と乖離しているようだった。ますます市場クリアモデルのほうが現実に近いように見えた。

理由はアービトラージだ。たとえばＱという規制が、住宅金融専門会社が預金負債に対して支払える金利に上限を設けたとしよう。すると、見かけ上は預金口座と同じだが法的な立場はちがうのでＱが適用されないような、新しい金融証券を作り出そうというインセンティブが生じる。ここに、マネーマーケット・ミューチュアルファンド（ＭＭＭＦ）の起源がある。その後は、金利がその上限を超えるたびに、規制を受ける口座から受けない口座に資金が移行して、借り手も貸し手も規制された部分の外側でお互いを見つけることになる。特に最大級の最も賢いプレーヤーはそうなる。こうした「中抜き排除」と呼ばれるものの経験により、規制を受けている部門からも同じ待遇にしろという政治的な圧力が出てきた。規制されない部門にアクセスできず、したがって資金が他のところに流れたら見捨てられた借り手たちも、その圧力に加担することになった。結果は規制Ｑの段階的な緩和であり、似たような力学が他のニューディール時代の規制構造の緩和につながった。金融イノベーションを一つ受け入れると、別の大胆なイノベーションが出てきてしまうからだ。

経済の管理者たち（たとえばかつてのＦＲＢ議長ポール・ボルカー）は、この力学を抑えようと頑張った。彼らは、規制の硬直性こそが安全と安定を確保するための中心的な存在であり、政策のテコの基盤でもあると確信していた。だが彼らはそれを止められなかった。それは主に、世界金融システムでドルが果たす中心的な役割のせいだった。いつもながら、国際市場ではアービトラージの論理が圧倒的だった。そこでは借り手と貸し手が国内規制当局の手の届かないところで出会い、巨大なマネーセンターにある銀行はみんな、オフショア事務所を設けてそこに参加しようとした。こうしたオフショア事務所を入り口として、アービトラージの論理が国内システムに入り込み、少しずつ国内規制を骨抜きにしていった。時間はかかったものの、規制緩和がその究極の結論に到達するのを待たずして、伝統的な規制を受ける銀行システムの横に、規制を受けない銀行システムが並行してできる結果となった。その並行システムでは、現実はすでに市場クリアモデルと一致していた。

　こうした制度的な変化は、金融経済学におけるバジョットとホートレーの伝統復活につながりそうなものだ。というのもその伝統では硬直性に依存するものは何もないからだ。いまにして思えば、イングランド銀行におけるチャールズ・グッドハートとアメリカのハイマン・ミンスキーの物言いは、まさにそれをやろうとした試みだった。でも少なくともアメリカでは、シフト能力概念の勝利で古い伝統は捨て去られた。制度的な硬直性の想定はあっても、トービンの１９６９年モデルでは、資産は需要と供給のバランスで決まる価格で売買できた。結果として制度的な硬直性の排除が作り出した余地は、古い叡智の復活に使われたのではなく、新しい幻想が花開くのに使われたのだった。それは、完全市場の世界では流動性は無料の財なのだという幻想だ。

ファイナンス理論の場合と同じくマクロ経済学理論でも、導きの規範は、完全な流動性を持つ理想世界だった。利潤動機で動くファイナンスの実践と同様に、厚生動機で動く経済政策においても、理想世界と現実世界との乖離はアービトラージの機会と見なされた。最も重要なこととして、金融政策は、現実世界の流動性を、理想の理論の場合と同じく無料の財にするためのものだと見なされるようになった。結果は、金融当局による緩和への系統的なバイアスであり、この系統的なバイアスを民間投機家たちは、私腹を肥やすのに喜び勇んで活用した。実質的に金融当局は民間投機家たちと手を組んで、ＥＨを理論と同じくらい現実でも実現しようという、ドン・キホーテじみた猪突猛進に乗り出したのだった。

第5章 ディーラーの役割とは

失って初めてそのありがたみがわかるものもある。

流動性もそういうものだ。高《ハイ》イールド債券の素敵なポートフォリオを持っていて、そのための資金調達は、その債券自体を担保に、深く流動的な卸のマネーマーケットで借入れができていた。ところがはっと気がつくと、もうまともな金利では借入れができなくなり、素敵なポートフォリオもまともな値段では売れなくなっている。流動性が消えてしまい、こちらを道連れにしようとしているのだ。

これが起こったら、人間の自然な衝動としては自分のカウンターパーティーのせいにしたがる。結局のところ、ポートフォリオをまとめられたのは、その連中が喜んで貸すと言っていたからだ。それがいまや内出血を始めている。でも連中がまた融資してくれればそれはすぐに止まる。つい昨日までは、貸し手はいくらでも選べたし、そいつらを競り合わせて、低金利と低ヘアカットの両方を手に入れることができた。いまや貸し手どもはみんな共謀してこっちに刃向かい、みんな信用を一斉に引き揚げている。それがこっちと手持ちのポートフォリオにとってどんな結果をもたらすか、みんな百も承知のくせに。

　生死に関わる脅威を個人的な恨みに還元しようとする衝動は実に人間的なものではある。特にその脅威が、学問的にはまだ解明されていない方向から来たのであればなおさらだ。うちが不作なのはなぜだ？　敵が呪いをかけたにちがいない。向こうも不作だって？　神さまが我々両方を罰しておられるのだ。

　この考え方のため、経済学とファイナンスの双方の学問分野が壁の裏のお金にまつわる配管を捨象して無視してしまい、他の側面についての学問的理解を進めようと決断したために、全身性の配管故障に直面したときに合理的な対話を維持する能力が、致命的に弱まってしまった。その配管がいつもはどういう仕組みで機能しているのかを学ばないと、破綻したときにどこが故障したのかを理解する枠組みが得られないからだ。

　ありがたいことに、必要とされるマネービューの観点は、学術界や政策界隈でいかに抑圧されているとはいえ、完全に消えたわけではない。民間部門で、トレーダーと投機家たちは生存制約の決定的な重要性を決して見失ったことはなかった。それを見失うのを市場が許してはくれないからだし、その警告を無視したら、現実にきついお灸を据えられる。同じく公共部門でも、実務的な中央銀行家は毎日トレーダーや投機家と同じ世界で過ごすから、生存制約を緩める自分たちの力を見失ったことはないし、その能力を懸命に行使する責任も忘れてはいない。学術経済学や学問ファイナンスの世界に暮らす人々には、壁の裏の配管を捨象してしまうぜいたくが許される。だが壁の裏のマネーマーケットで仕事をして毎日暮らす配管工たちは、そうはいかない。２００８年金融危機の教訓を学び、先に進むためのもっと堅牢なシステムを構築したければ、配管工たちの世界観に学ぶ必要があるのだ。

マネーマーケットの内側

マネーマーケットの論理的な起源は、意外かもしれないが、分散化決済システムの運用にまでさかのぼる。みんながたった一つの大銀行に預金口座と融資信用枠を持つ理想化された世界を考えよう。この世界では、あらゆる支払いは銀行の帳簿への計上だけですむ。純預金者Ａが純預金者Ｂに支払いをするには、単に銀行に自分の口座から引き落として、Ｂの口座に入金しろと言えばすむ。銀行の総資産と総負債は変わらない。だが、この単純な移転メカニズムですら、部分的に両者を縛っている「生存制約」を緩めていることに注意しよう。Ａは一時的に預金を取り崩すことで、現金流入よりも多い現金流出を享受できる。取引の反対側のＢは、一時的に現金流出より多い現金流入を享受し、その差を使って預金を積み上げて将来に使える。

この単一の大銀行における融資信用枠は、生存制約のさらなる緩和を可能にする。純債務者Ｃは、純債務者Ｄに対して、自分の銀行での信用枠を使って支払いを行い、自分の債務を増やしてＤの債務を減らせる。この場合もまた銀行の資産も負債も変わらない。だが純預金者Ａが債務者Ｄに支払えば、銀行の総資産と負債は収縮する。そして純債務者Ｃが純預金者Ｂに支払いをしたら、銀行の総資産と負債は拡大する。この簡単な例を見れば、日々の生存制約の緩和が信用に左右されることがわかる。一部の人が、現金の流入よりも多い流出を享受できるのは、他の人々が現金流出より多い流入を享受したがるからという**だけでしかない**。その逆も言える。これは、この一つの大きな銀行の帳簿内での現金流出と流入が同じならうまくいく。

　現実世界では、単一の大きな銀行があるわけではなく、単一の統合された銀行**システム**がある。そしてそれがまとまる鍵となるのがマネーマーケットだ。この仕組みでは、純預金者Aが純預金者Bに支払いをするときには、Aの銀行にあるAの預金口座から引き出しがあり、それがBの銀行にあるBの口座に入る。そしてAの銀行の準備口座にはそれに対応する出金があり、Bの銀行の準備口座にはそれに対応する入金が起こる。現在の分散化した支払いシステムでは、支払いの弾力性は個別銀行が直面している「準備高制約」を緩められるからこそ実現する。準備の流入より大きな流出を享受できる（Aの銀行）のは、他の銀行（Bの銀行）が準備流出より大きな流入を享受したがるからでしかない。その逆も成り立つ。

　いまの世界では銀行は中央銀行の口座にはほとんど準備高を保有していない――少なくとも危機以前はそうだった――むしろ口座の決済にはおおむねマネーマーケットでの貸し借りで対応する。この種のインターバンク信用の中心的な仕組みはフェデラルファンド市場（コール市場）だ。ここで銀行は中央銀行の準備預金を貸し借りして、純準備残高をゼロ近くにしておける。そして、AさんとBさんの取引ではリテール銀行全体の預金は変わらないが、インターバンク信用の総額は変わる。なぜなら、Aの銀行は必要な準備をBの銀行から借りるからだ。マネーマーケットにおけるインターバンクの貸し借りは、分散化銀行システムが、単一の大銀行の効率性を近似する

Aさん	
資産	負債
−預金	

Aの銀行	
資産	負債
	−預金 ＋FF 融資

Bの銀行	
資産	負債
＋FF 融資	＋預金

Bさん	
資産	負債
＋預金	

ためのメカニズムなのだ。

この分析を拡張して、ＣがＤに支払う場合、ＡがＤに支払う場合、ＣがＢに支払う場合も検討できるし、それでインターバンクでの借入額がそれぞれの銀行のバランスシートに左右される点も理解できる。インターバンク信用は場合によって拡大したり縮小したりする。すべては支払いのパターン次第だ。でも言いたいことはわかるだろう。キャッシュの流入と流出が、銀行システム全体として等しければ問題はない。

またこの分析を広げれば、関係する銀行が連邦準備制度に入っておらず、フェデラルファンド市場にアクセスできない場合も扱える。その場合、必要なインターバンク借入れはオフショアのユーロダラー市場で、ＬＩＢＯＲ（ロンドン銀行間取引金利）で行われるかもしれない。さらに拡張すれば、支払いが銀行システムと無関係に行われ、したがってインターバンク借入れがまったくない場合も扱える。その場合、ＡさんとＢさんの間で、レポ市場での有担保借入れと融資が行われる。実質的にＡさんは（一時的に）何か資産を売って支払いの資金を調達し、Ｂさんはその支払いを受け取るのに（一時的に）何か資産を買う。両者は証券ディーラーの仲介を通じ、一方は借りて一方は貸すことになる。ここでもこれはマネーマーケット信用の拡大を伴う。

こうした三つのマネーマーケットツール——フェデラルファンド（準備預

金）、ユーロダラー、レポ――はみんな、とても似通った代替物と言える。それは、ほぼ同じ目的に使えるという意味だ。でも、アクセスできる人はそれぞれちがうので、その金利もそれぞれちがう。通常、レポ金利はフェデラルファンド金利よりは低いし、フェデラルファンド金利はユーロダラー金利よりは低い。だがそのスプレッドはとても小さく、数ベーシスポイントほどだ。だから教科書ではその差はいつも無視されて、単一のマネーマーケット金利というものがあって、それがうまく中央銀行により政策変数としてコントロールされているという便利なフィクションに基づいた分析が構築されてきた[1]。だが今回の金融危機では、そのスプレッドは１００ベーシスポイント以上にも広がった。これはこの危機が、少なくとも一部は支払いインフラへの空前の圧力をめぐるものだという、明らかな証拠だ。レポ借入れで使える担保を持っておらず、フェデラルファンド市場にアクセスできなければ、だれかが貸してくれるまでＬＩＢＯＲ金利を競り上げるしかない。危機が広がる中でこれが繰り返し起きた。

平常時ですら、支払いパターンが通例から外れて、馴染みのないカウンターパーティーが借り手と貸し手として出会う方法を見つけなければならなくなると、ストレスが生じる。支払いシステムは毎日クリアされるので、分散化したマネーマーケットが現金の入りと出を等しくする方法を見つける前に、清算の瞬間がやってくる可能性は常にある。その場合、究極の下支えとしてＦＲＢのバランスシートが、割引窓口を通じて提供される。割引窓口を使って、ＦＲＢは必要に応じて現金の出入りを、融資（現金の流出）と借入れ（現金の流入）を通じて等しくする。もし何らかの理由でＡの銀行とＢの銀行がインターバンク市場でお互いに出会えなくても、ＦＲＢの仲介により出会える。Ａは借りて、Ｂは貸す。

Aの銀行		中央銀行		Bの銀行	
資産	負債	資産	負債	資産	負債
	＋割引融資	＋割引融資	＋準備高	＋準備高	

現代の仕組みだと、この公的割引メカニズムは、個別の必要性に応じた下支えだけを意図したものであり、民間インターバンク融資が手配できるまでのつなぎでしかない。すぐに返すインセンティブを作るために、この割引率はフェデラルファンド目標金利より１００ベーシスポイント高くなっている。だから普通は、この割引窓口はほとんど使われない。フェデラルファンドのほうが安いからだ。もっと一般的には、変わった支払いパターンがインターバンク信用の**全般的な**拡大を必要とするときには、ＦＲＢはその拡大を支援すべく、必要に応じて市場に準備高を追加する。こうした「公開市場」操作の手法は、証券ディーラーに市場レポ金利でレポ融資することだ。これは割引窓口のような懲罰的な金利ではない。

　ＦＲＢの目標は、なるべくストレスが実際に生じる前に行動することだ。だからフェデラルファンド金利を目標水準から遠ざけかねないインターバンク市場での圧力を予想して、毎日のように介入する。ＦＲＢの公開市場レポ融資は、レポ融資の期間中のディーラーの銀行での準備高を増やすことになる。だから銀行は（インターバンク市場での）融資資金ができて、支払いパターンを支援するために必要なら、どこにでも貸せる。中央銀行によるこの手の日次介入は、つまりは分散化した銀行システムを、一つの大きな銀行であるかのように機能させる、マネーマーケット機構の最後の部品なのだ。

中央銀行

資産	負債
＋レポ	＋準備高

Bの銀行

資産	負債
＋準備高	＋預金

証券ディーラー

資産	負債
＋預金	＋レポ

資金調達流動性と市場流動性

歴史的にはこれまで見たように（第3章）、レポ市場はフェデラルファンド市場以前からあった。FRB設立以前の銀行は、一つの大きな銀行に近いものを作ろうという独自の試みとして、システム内で資金を移転させるために原始的なレポ方式のようなものを使っていた。銀行が現金準備不足に陥らないための最初の防衛線は、インターバンク融資（通称銀行家の収支）だった。これは今日のユーロダラー融資に近い。だがその後は、各種の民間債券がインターバンク融資の担保として使われた[2]。これが、現在の仕組みできわめて中心的となる、資金調達流動性と市場流動性のつながりの歴史的な起源だ。そのつながりがどう機能するか理解するため、銀行が弾力的な支払いを行うためのマネーマーケット利用から離れて、証券ディーラーが市場流動性提供の資金源としてマネーマーケットを使うやり方を見よう。

レポ市場がなければ、ある証券の双方向市場を掲示して儲けようとした証券ディーラーは、証券在庫を買うための資金として、自己資本を使うか、銀行融資を使うしかない。だがレポ市場が発達して、レポ信用がディーラーの主要な資金源となったため、銀行融資は最後の最後の民間融資でしかなくなった（ディーラーへの銀行融資は、通常は実効フェデラルファンド金利とのスプレッド

中央銀行

資産	負債
短期国債	準備金
レポ融資	

Bの銀行

資産	負債
準備金	預金
融資	

証券ディーラー

資産	負債
長期国債	短期国債
レポ融資	レポ借入
	融資

としてまとめられ、そのスプレッドが限界資金費用を上回る銀行の利潤となる）。市場流動性（シフト能力）は、ディーラーが双方向市場を作る意欲と能力次第だ。そしてその意欲や能力はそのディーラーたちが卸のマネーマーケットで貸し借りする能力次第となる[3]。現代の仕組みだと、ＦＲＢがこのディーラーシステムに対し、レポ市場での日々の資金提供操作を通じて直接の支援を与え、また銀行システムの頼みの綱支援を通じて間接的にも支援を行い、下支えを提供している。

上の簡略版バランスシートが、その仕組みを一通り明らかにしている。アービトラージの役割を導入するため、証券ディーラーは長期国債（資産として計上）でロングポジションを取り、短期国債（負債として計上）でショートポジションを取って、流動性プレミアムを収穫しているものとして描いた。ディーラーは、このポジションを実現するため、長期と短期両方の国債について、売買価格を提示している。狙いは、期待収益率とリスクをバランスさせる目標ポートフォリオを実現することだ（ある価格を提示するということは、証券の最終的な売り手や買い手からの注文フローに影響を与えることで、ある特定の目標ポートフォリオが想定されているということだ）。ディーラーはどちらのポジションもレポを通じて資金調達する。長期国債をレポ借入れの担保として使い、レポ融資においては短期国債を担保として受け入れるわけだ。このディーラーのレポ借入れは、一部はＦＲＢからのものだが、ほとんどはここに登場しない他のエージェントたち（たとえばマネーマーケット・ミューチュアルファンド［ＭＭＭＦ］）によるレポ融資からのものだ。そして銀行システムからの融資は、ディーラー資金調達のごくわずかな部分になる。

ここで考えているのは流動性の問題であって、ソルベンシーではないので、この三機関のバランスシートから純価値（または資本）は抜いてある。ここでの議論では、そうした資本は潜在的な損失のバッファとしてではなく、むしろディーラーたちが自分のバランスシートを拡大して、市場流動性を提供する意志と能力への制約として重要だ。[4] 利潤最大化を狙うディーラーは、期間構造のアービトラージで利潤を得るつもりなので、その利潤と潜在的なリスクとをてんびんにかけることになる。リスクの一つは債券価格の低下で、これはキャピタルロスと債務超過の可能性を引き起こすが、通常はディーラーにとって目先の懸念は、債務超過よりは流動性のほうだ。というのもオーバーナイトレポ借入れの量は、担保債券の市場価値に依存するからだ。担保価値が下がれば、手に入るレポ信用も減るので、もっと高価な銀行借入れに頼る必要も出てくるし、債券の一部を価格が下落した市場で換金しなくてはならない可能性も出る。この流動性リスクとでも呼ぶべきものが、ある資本ベースをレバレッジするディーラーの能力と意志を制約するものだ。そしてこの制約は資産価格にとって重要な意味合いを持つ。

その影響をはっきり理解するためには、仮に、仮想的かつ反事実的に、そうした制限がなかったとしよう。すると、期間構造からの期待利潤がプラスである限り、ディーラーたちはレバレッジを増やし、長期債券を買って短期債券を売るインセンティブができる。[5] ディーラー同士の競争は、期間構造アービトラージの期待利潤をゼロにしてしまい、期間構造の期待仮説（ＥＨ）が実現してしまう。この仮想的で反事実的な世界は、経済学とファイナンス理論の両方が想像する理想化世界であり、彼らが扱わないお金の仕組みの特徴を捨象する手法だ。それは生存制約のない世界であり、つまりは流動性リスクもなく、資産価格の流動性プレミアムもない。それはディーラーなき世界だ。

現実世界にはディーラーがいるし、ディーラーは生存制約に嫌と言うほど直面している。だがＦＲＢの資金調達流動性への下支えがもたらす一つの影響は、その制約の力を弱めることだ。問題は、どの程度弱めてくれるのか、ということだ。ＦＲＢがフェデラルファンド金利安定化のために介入すると知っているディーラーたちは、期間構造アービトラージにおいて、もっと大きなポジションを取る方向にリスク＝リターンの計算を合理的にシフトさせる。そしてそうしたシフトで、資産価格の構造はＥＨの理論的な理想に近づくはずだが、**完全に一致することはない**。期間構造アービトラージにはある程度は期待利潤が必要だ。そうでないとそれを手がけるディーラーはいない。言い換えると、ＥＨの理論的理想が完全に実現する唯一の方法は、ＦＲＢ自身が必要なアービトラージをやることだ。というのも利潤への配慮や生存制約に制約されないのはＦＲＢだけだからだ。戦時中ならそういうこともあるかもしれない（すでに見たとおりだ）が、平和時にはそんなことにはならない。

平和時には、ＦＲＢの下支えがあっても、生存制約はディーラーのレバレッジを抑えるので、期間構造アービトラージの期待利潤はプラスのままだ。またその他の流動性リスク負担の期待利潤もプラスだ。各瞬間ごとに、ディーラーは期待利潤と流動性リスクをつり合わせるような、目標ポートフォリオを念頭に置いていて、そのポートフォリオを実現しようとして双方向価格を提示する。目標ポートフォリオを変えるものはすべて、ディーラーの提示する価格を変えるように働く。

この発想で、拡張的な公開市場操作の影響を考えよう。今度は清算《クリアリング》をする銀行ではなくディーラーの視点から見よう。拡張的な公開市場操作はＦＲＢからディーラーへのレポ融資が増えるということだ。その即座の影響は、ディーラーの使える流動性資金を増やすことだ。高価な銀行借入れに代わるものであり、したがってディーラーの目標ポートフォリオの規模を大きくする——具体的には長期国債の持ち分が増える。この新しい目標ポートフォリオ実現には、長期債に提示する価格を上げることが必要だ。こうすることで、マネーマーケットの公開市場操作は、プライマリーディーラーたちのリスク＝リターン計算を通じて資産市場の資産価格にすぐ影響する。

この資産価格への直接的な即時の影響は、経済学者が通常は強調する、間接的で遅れを伴う経済全体への影響とは好対照となる。経済全体への影響は、銀行が準備高過剰となったときに、顧客融資を拡大するインセンティブを通じて作用するとされる。どちらの影響のほうが即時性があるか、疑問の余地はない。金融政策はまっ先に、銀行ではなくディーラーの行動に影響を与え、銀行融資ではなく資産価格を変える。いずれは融資メカニズムも効くのかもしれないが、マネービューの観点の中心にある日々の生存制約よりはずっと長期のタイムスケールで作用する。

システムの仕組みに関するこの説明は単純化・様式化されてはいるが、たとえば財務省証券以外の証券でのマーケットメイカーとなるディーラーを含めるのも簡単だ。そうしたディーラーは、ちがったリスクアービトラージに関与している。また、ＦＲＢと直接の取引がないディーラーも含めるような拡張もできる。というのも、資金調達条件が全般的に緩和されれば、彼らの行動も影響を受けるからだ。全体として言いたいのは、プライマリーディーラーが長期短期の国債について提示する価格を変えて、自分の売買注文フローを変えようとすると、他のプレーヤーもＦＲＢ介入の影響を実感して、それに応えて他の証券についての提示価格を変えるということだ。マネーマーケットへの介入はこうして、長期国債価格だけでなく（そんなものはむしろ脇役になるかもしれない）、社債、不動産担保ローン証券、外国証券などの価格にすら影響する。

またこの分析を別の方向にも拡張できる。ディーラーたちのリスク＝リターン計算に影響し、ひいては資産価格に影響しそうな、他の介入形態を考慮するのだ。たとえば、ディーラーたちから見れば銀行が最後の貸し手となるので、銀行がその役目を果たす意志と能力を左右するものはすべて、ディーラーのリスク推計に影響し、したがってある資本ベースに基づいてポジションの規模を拡大する意欲にも影響する。実際、将来の流動性の有無の見通しのほうが、現在の流動性の有無よりも合理的なリスク＝リターン計算にとっては重要かもしれない。現在の流動性は一時的なものかもしれないからだ。生存は、現在の生存だけでなく、あらゆる将来の生存制約を満たす必要がある。１回でもはずしたらアウトになるからだ。この意味で、長期にわたりフェデラルファンド金利を低く抑えるという公共の約束は、ディーラーたちがバランスシートを拡張する後押しとして機能するし、その後押しは今日の資産価格にあらわれるはずだ。

危機の解剖学

仮に、理由はどうあれ最終的な資産保有者たちが、手持ちのお金を増やしたい、証券は減らしたいと思ったとしよう。さらに、この変化はそんなに大きくないし、あまり長続きもしないので、ディーラーシステムにより以下のように楽に吸収できるとする。ディーラーは最終保有者たちから証券を買い、拡張したバランスシートの資金調達は銀行借入れでまかなう。銀行はディーラー向け融資を拡大し、その融資を預金負債の拡張で資金調達する。そして最終資産保有者たちは預金保有拡大により選好シフトを満足できる。これを「普通の危機」と呼ぼう。真の危機のままごと版となる。

　このバランスシート群（次ページ）を見ると、選好シフトへの対応はわかるが、なぜディーラーや銀行がこれをやりたがるのかはわからない。ディーラーたちは、証券保有を増やすならよい（低い）価格で買えねばならず、銀行はディーラー向け融資を増やすなら、よい（高い）利率が得られる必要があるはずだ。必要な価格変動の規模はおそらく、ディーラーシステムが吸収しろと言われているポートフォリオショックの規模次第だろう。だがここで扱っているのは小さなショックだという想定の下なら、価格がちょっと変動するだけで、必要な対応が生じるはずだ。こうした小さな対応は日常的に起こる。市場流動性が毎日維持されるのは、資金調達流動性が弾力的にこういう形で提供されるからだ。

　中央銀行はこうした日常的な変動にどのように（いやそもそも）関係してくるのだろうか？　支払いシステムの観点からすると、この仮想的なポートフォリオショックは、ちょっと変わった支払いパターンでしかない。実質的に、資産保有者は現金流入が流出よりも多くなってほしいし、ディーラーはそれに対応すべく、自分の現金流出が流入を上回るのを許容する。単一の大銀行システムなら、これは帳簿に一対の計上を行えばすむ。だがこの分散化された支払いシステムだと、

ディーラー

資産	負債
＋証券	＋ディーラー融資

銀行システム

資産	負債
＋ディーラー融資	＋預金

家計はディーラーたちが発行するような負債は持ちたがらないので問題が生じる。解決策は、銀行システムにディーラーの負債を受け入れてもらい、家計がもっと満足するような負債を銀行に発行してもらうことだ。ここから、中央銀行がこのポートフォリオシフトを単なる支払いパターン変化と見る限り、必要な銀行信用拡大を実現するため、レポ市場における拡張的な公開市場操作をするだろうということになる。中央銀行が成功したら、フェデラルファンド金利は変わらず、銀行はその変わらないフェデラルファンド金利にのせるスプレッドも変えずに、ディーラー借入れの変動を吸収してくれるかもしれない。

証券価格はどうだろうか？　資金調達費用が上がらないなら、ディーラーたちは証券保有を増やすインセンティブとして、あまり大きな値引きは求めないだろう。だが資産価格の動きは、資産保有者たちがお金に換えたがっている資産の種類にもよるし、また中央銀行がレポ融資の担保としてどの資産を認めるかにもよる。極端な例としては、資産保有者たちが売るのは国債で、中央銀行は国債を担保に融資する場合がある。こうなると、資産価格はまったく変化しない。実質的に、中央銀行のレポ融資がポートフォリオ選好の変動をすべて吸収する。その反対の極として、資産保有者たちがもっと異様《エキゾチック》な証券を処分したがっている場合がある。普通に双方向市場を作るディーラーがまったく存在しないような証券で、当然ながら中央銀行がレポの担保とし

資産保有者

資産	負債
−証券 ＋預金	

て認めないようなものだ。すると、ＦＲＢがフェデラルファンド金利を一定に保っても、証券価格への影響は大きくなる。ディーラーシステムは、それでもこのポートフォリオシフトに対応できるかもしれないが、大幅な資産価格変動が起きるのは避けられない。

国債の場合と異様な証券の場合との差はなぜ生じるのか？　いろいろあるだろうが、マネービューの立場からすると、なかでも突出しているのは流動性だ。ここでの過程では、異様な証券の場合、常に双方向市場を作っているようなディーラーは存在しない。つまり異様な証券と国債とのイールドスプレッドは、よい時期なら数ベーシスポイント程度でも、本当のお金を扱う投資家が取引の相手方を引き受けてくれるまで開くしかないということだ。重要な点は、中央銀行がかなり弾力的な資金調達流動性を確保してくれても、それが必ずしもあらゆる資産についての市場流動性にはつながらないということだ。市場流動性は、借入れの担保として認められるのですぐに中央銀行にシフトできる資産の場合、最も高い。他の資産はどこかのディーラーが、双方向市場を作ると儲かると思う範囲でしか流動性がない。そして、これは時間とともに変わりやすいし、いきなり変わることだってある。リーマン・ブラザーズは、あるときは各種の不動産担保ローン証券の各種デリバティブについて双方向市場を提供していたが、一夜にしてそれを止めた。

では今度は、**大きな**ポートフォリオシフトの場合を考えよう。仮にディーラーたちも銀行も中央銀行もやることをやって、フェデラルファンド金利は動かず、銀行信用とディーラーのバランスシートが拡張してそのショックを吸収したとする。だが証券価格は全面的に下がるし、流動性の低い証券は暴落だ。そうした証券の保有者で、持ち分をマーク・トゥ・マーケットしている人々は損失を確定せざるを得ず、レバレッジした証券保有者たちは信用力が毀損されてしまう。生存制約が彼らを縛り、ソルベンシー制約すら効いてくるかもしれない。こうした機関が一つ破綻すれば、他の機関も疑惑の目で見られるようになり、おかげでみんな自分が提供している信用を収縮しようとしつつ、手持ちの流動的な準備高は抱え込もうとする。ＦＲＢが介入してフェデラルファンド金利を安定化しようとしても、ユーロダラー市場でのマネー金利は跳ね上がる。流動性とはそういうものだ。いまあったものが、即座に消える。

　言いたいのは、本当に厳しい危機だと市場流動性はもはや、民間ディーラーの資金調達流動性の問題ではなく、中央銀行へのシフト能力の問題になるということだ。もしある資産が中央銀行にシフトできなければ、どこにもシフトできないか、あるいは受け入れ難いほど大きな値引きが必要になるかもしれない。危機時の中央銀行は、最後の貸し手（資金調達流動性）というよりは、最後のディーラー（市場流動性）となる。ディーラーがポートフォリオのシフトを吸収できない／しなくて、中央銀行がそのポートフォリオシフトを単なる変な支払いパターンとして扱い続けたら、中央銀行による支払いシステムの下支えは最終的には、ポートフォリオのシフトを中央銀行が自分のバランスシート上に引き受けるという話になる。その極端な場合は次ページの図のようなものになる。

　この図の仮想的な例で、中央銀行はさっきの「普通の危機」と呼んだものでディーラーが果たしていたのとまったく同じことをしているのに注目しよう。ディーラー融資にあたるものとして、

資産保有者

資産	負債
－証券	
＋預金	

中央銀行

資産	負債
＋証券	＋準備金

銀行システム

資産	負債
＋準備金	
	＋預金

自分の準備金負債を拡大することで銀行システムから借入れを行っているが、その他すべては同じだ。「証券」を「不動産担保ローン証券」と読み替えれば、本書執筆時点でのバランスシートの実情について、かなり正確に図式化したものが得られる（3ページの図1を参照）。ここに至るまでにはしばらくかかったが（第6章参照）、ついにたどりついた。現代の条件下だと、市場流動性の下支えのおかげで中央銀行は最後のディーラー役を果たさねばならなくなる。

金融政策

古典的なマネービューの立場からすると、金融政策というのは「銀行金利」を使って、システム内の個別存在が直面する生存制約が課す、弾力性と規律のバランスに影響を与えるという話だった。考え方としては、危機の**前に**介入して、後に最後の介入をさせられる事態を避ける、ということだ。

現代の仕組みだと、重要な政策金利はフェデラルファンド金利となる。FRBはある具体的な目標金利を定期的に発表し、公開市場デスクは、毎日レポ市場に介入して需要変動を吸収することで、その目標を実施する。フェデラルファンド金利はバジョットの銀行金利の現代版だが、現代の議論ではバジョットの弾力性と規律という表現はおおむね消えているし、彼のマネーマーケットの条件への注目もない。今日の政策担当者は、経済安定化の話をするし、マクロ経済条件にだけ注目する。これは管理の時代の遺産として残る、用語と注目の変化だ。

別に現代の政策担当者が流動性を無視しているということではない。むしろ彼らは、流動性の問題（古くさいマネービューの関心）は、概念的にも運用的にも経済安定化（現代経済学ビューの関心）とは切り離せるのだと思い込んでいる、あるいは経済学者たちにそう思い込まされているのだ。２００８年の金融危機は、この小ぎれいな知的分業へのいささか決定的な挑戦だが、どうしても過去に身についた考え方のクセはなかなか抜けない。今回の危機の教訓を学ぶつもりなら、こうしたクセに立ち向かわねばならないのだ。

現在のマクロ経済学思考は、動学的確率的一般均衡（ＤＳＧＥ）モデルなるものを中心にまとめられているが、これは大まかに言えば、前世代の思考の中心にあったワルラス的均衡モデルのご大層なものだ。ＤＳＧＥでは時間とリスクがいまや明示的にモデル化されているが、本質的な変化はそれだけだ。金融的な配管の捨象がポイントなのは相変わらずだし、今日ではそれが、通称代表的エージェントなる便利な分析上の想定により、それがなおさら強化されている（エージェントが一種類しかないなら、当然ながら民間信用はあり得ない）。このモデルの「新ケインズ派」版の一部では、トービンがかつて強調したような制度的硬直性や摩擦が基本的なＤＳＧＥの上に追加され、その硬直性は「名目」と「実質」に区分されている。基本的に、あらゆる学術論争はこうした硬直性の実証的な重要性をめぐるものだ。だからこの危機に直面したときに学術経済学者がまっ先にやったのが「金融」硬直性（とショック）をこの基本モデルに追加することだったのも、意外なことではない。このプログラムは着々と進行している。[6]

この標準経済学ビューがマネービューと最も直接的に対立するのは、フェデラルファンド金利の設定方法だ。経済学ビューの支持者はこの問題について、「インフレ目標」という旗印を持つ共通の立場を開発した。金融政策の圧倒的な狙いは物価水準の長期的な安定化であり、このために重要なのは、物価上昇（あるいは単に物価上昇の期待）には政策金利の引き上げでしっかり対応するぞということを、市場に信頼できる形でシグナリングすることなのだというのがその発想だ。この政策ルールを知っている市場参加者は、安定物価水準についての長期期待を抱くようになるはずだ。その期待が短期の投資や消費行動に影響する。短期では、硬直性や摩擦のせいで経済は理想から少し逸脱しかねないので、政策ルールも少し逸脱したほうがいいかもしれない。政策論争はそこをあれこれ議論する。

おおむね現代のあらゆる学術論争は、テイラールールの適切な定量的設定をめぐるものとなっている。[7] このルールの根底にある発想は、市場に任せておけば、名目金利は自然利率に期待インフレを足したものとなる、というものだ――これはフィッシャー効果と呼ばれ、アーヴィング・フィッシャーにちなんだ名前だ。だがそれでは物価や所得の安定には不十分だという。長期的な物価水準の安定化における中央銀行の役回りは、目標からのインフレ逸脱に対する中央銀行の対応を示すパラメータにあらわれる。中央銀行が雇用安定化に果たす役割は、完全雇用からの逸脱に中央銀行がどう反応するかを示すパラメータにあらわれる。この構築物は、古いケインズ派とマネタリストの構築物に代わるものとされ、したがってフェデラルファンド金利設定について考える政策担当者たちにとって、マルシャック＝トービンの枠組みに代わると言われる。

マネービューの観点からすると、重要な問題はテイラールールによる金利政策が、ディーラーシステムの行動にどのように影響するかという点だ。本章ではこれまで、中央銀行がディーラーにとっての資金調達費用を安定化させる役割と、そうした安定化が資産価格にとって、平常時と危機時の両方でどんな影響を与えるかに注目してきた。この分析を拡張して、ディーラーにとっての資金調達費用を**変えるにあたり**、中央銀行がどんな役割を果たすか考えよう。マネービューの言葉に翻訳すると、インフレ目標アプローチは物価がインフレ目標より急速に上がっているときには追加の規律をもたらし、物価がインフレ目標よりゆっくり上がっているときには、追加の弾力性に傾くということになる。

　マネービューの観点からすると、テイラールールの枠組みで最も驚くべき盲点は、金利政策が資産価格をまったく考えなくていいという含意だ。なんといっても、信用の本質的な不安定性は、信用拡大とその担保の市場価格上昇との不安定化するフィードバックを通じて機能するのだから。マネービューは、どの資産価格に注目すべきかは教えてくれない。というのもこの力学は商品でも、金融資産でも、土地家屋といった不動産でも起こり得るからだ。そのすべてを見張る必要がある。これに対してテイラールールは、そんなものはまったく見なくていいと言う。消費者物価指数だけ見ればいい。そこには資産価格は含まれていない。これは問題を引き起こしかねない。

　マネービューの観点だと、中央銀行が信用拡大による資産価格バブルに直面しても金利を上げなければ、バブルは自己増殖して、ますます大きくなり、ますます大きな歪曲を引き起こして、いずれ破裂する。具体的には、もし資金調達流動性が安すぎたら、市場流動性も安すぎることになる。この二つをつなげる仕組みは、ディーラーのバランスシートのレバレッジだ――資金調達流動性が安すぎると、借入れが増えてレバレッジが上がりすぎる。安い資金調達金利は、こうして高い資産価格をもたらす。これは特に、いつもは双方向ディーラーが支えていない資産（たとえば住宅）の場合に顕著だ。こうした資産は、上がるときには過大評価となりやすいし、下り坂になると最も価格下落に苦しむ資産となる。

なぜか？　すでに見たとおり、資金調達流動性はすぐに中央銀行にシフトできない資産については、市場流動性に完全には翻訳されない。双方向ディーラーの支援がない資産となれば、それが特に顕著だ。すると、資金調達費用が金融政策で歪んでいたら、当然のように資産価格も歪むということになる。過剰流動性は、すでに流動的な資産の価格にはほとんど影響しないが、最も流動性のない資産の価格には最大級の影響を与える。その影響が伝達される方法の一つは、好況期には新しい資産クラスに双方向ディーラー支援が拡張されることだ。

これはしばらくはうまくいく。マネーマーケットが、現金流入過剰の人々から現金流失過剰の人々に資金を流す仕事をうまく果たしてくれるし、その間に中央銀行が実効フェデラルファンド金利を安定化させることで、必要な銀行信用拡大を支援してくれる（実際には、現在の危機の前段階で、ユーロダラー市場とレポ市場がフェデラルファンド信用拡大の代替物としてかなり十分なものを提供してくれていた。ただしこれは、調子がいいときだけのことだったのだ）。マネービューは、民間利潤動機で動く信用の本質的な不安定性を強調するが、中央銀行がバブル防止の責任をすべて否定する政策ルールを採用すると、問題はさらに悪化する。２００７年７月に、シティバンクの当時のＣＥＯチャック・プリンスはこう語った。「音楽が鳴っている限りは、立って踊り続けるしかないでしょう」。

問題は、その音楽が止まるだけではすまないということだ。いきなり逆回りになる。過剰な現金流入を持つ人々は、いきなり融資ではなく現金資産を持ちたがるし、過剰な現金流出を持つ人々はいきなり生存制約に直面する。公的な資金調達流動性は、システムの中心ではまだ流れているかもしれない。フェデラルファンド市場などでは機能している。でもそれが周縁部の民間市場流動性には翻訳されなくなっている。市場流動性が消えると、担保価値が崩壊し、民間の資金調達流動性――有担保レポ資金も、無担保ユーロダラー資金も――収縮する。フェデラルファンド金利を大幅に下げれば、代替となる安い資金調達流動性は提供されるが、いつもながら資金調達流動性と市場流動性の間には、いろいろ邪魔が入る。最終的には、中央銀行のバランスシートにシフトできるかどうか、という問題に帰着してしまう。

　今回の金融危機でいやというほど明確になった単純な論点は、流動性の問題を経済安定化の問題と切り離すのはまるで容易ではないということだ。この二つは、概念的にも運用面でも絡み合っている。お金を捨象すると、経済理論は楽になるが、経済政策は改善されない。根底のところで、金融システムは証券市場の流動性を支えるディーラーのシステムだ。そして中央銀行が総司令ディーラーを務めるのは戦時中にとどまらない。平和時にもそれが必要だし、特に金融危機ではそれが必須となる。この制度的な現実を一刻も早く直視すれば、それだけ今後の再建への取組みも改善されるのだ。

第６章 金融危機の教訓

マネービューの観点からすると、２００７年８月に始まって、２００８年９月に急激に悪化した金融危機は、１９７０年以来私たちが構築してきた現代ファイナンスのすばらしき新世界のストレステストに見える。まずは通貨スワップ、次いで金利スワップ（ＩＲＳ）、さらにクレジット・デフォルト・スワップ（ＣＤＳ）が導入され、やがて大恐慌時代から受け継いだ、硬直して規制の厳しい金融システムが一変した。規制アービトラージだけでそれが生じたわけではないが、重要なのはその結果だ。資本市場に基づく信用システムが、いまや伝統的な銀行システムよりも信用の源として重要になったのだ。私はこのすばらしき新世界が今後も続くのは当然だと思っている。ただし、ある程度の補正は必要だ。どんな補正が必要かについて、今回の危機の教訓は何だろうか？

「補正」というのはいい言葉ではないかもしれない。というのも、大したことは必要ないような印象を与えるからだ。だがそれをあえて選んだのは、歴史の教訓として新しい仕組みはすべて、古い仕組みから有機的に成長してこなくてはならないと考えるからだ。ゼロから始めるわけにはいかないので、改革は現状の仕組みに取り組むべきであり、過去やどこか理想世界でのあり方を基準にはできない。いつもながら、変化への最大の障害は、経験よりも思考が遅れるということだ。この点で、２００８年金融危機のすばらしい影響というのは、その遅れを赤裸々に見せてくれて、したがって目の前にあらわれた仕組みを理解する新しい方法の可能性に気づかせてくれたことだ。

19世紀マネービューの復興は出発点だと述べたが、そこが終点ではない。バジョットにとって適切と思われた流動性概念は、もはや適切なものではない。私たちはとっくの昔に、バジョットが強調した「自己換金」的な短期商業債券の重視から、流動的な市場における一部証券の「シフト能力」重視へと切り替えている。だがバジョット流の「最後の貸し手」から、もっと適切な現代版の「最後のディーラー」への切替えは進んでいない。金融危機の最も重要な貢献は、その概念的な飛躍を実務レベルで強いたことだ。危機の緊急性に対する実務的アプローチとして、まさにディーラー役を中央銀行が果たしたのだ。次の作業は理論をその実践に従わせて、マネービューを現代に合わせて再構築することだ。

歴史的に振り返ってみると、ウィリアム・マクチェスニー・マーティンの１９５２年「短期国債のみ」の方針は、ＦＲＢと民間ディーラーシステムとの分業体制を確立することで、現代のシステムの制度的な基礎を構築したのだった。マーティンのビジョンでは、ＦＲＢはマネーマーケット支援を通じ、資金調達流動性を提供する。ディーラーシステムはその資金調達流動性を、長期資本市場支援のための市場流動性に翻訳する。このビジョンは先見の明があった。１９５２年にマーティンが主に心配していたのは、長期国債の市場を民間ディーラーに任せておいていいのか、ということだった。だが民間資本市場が回復して成長すると、同じ分業は社債にも拡張され、やがてファニーメイとフレディマックの助けもあって、住宅ローン債券にまで広がった。２００６年のピークには、家計負債（主に住宅ローン）はアメリカの非金融負債残高の44・３％を占めていた。これに対して社債は32・１％、政府債はたった23・６％だ[1]。

　金融システムが発展しても、この分業構造についての全体的なビジョンは変わらなかった。ＦＲＢは国債レポ市場に介入したが、それはフェデラルファンド金利をある目標で安定化させるためだった。それ以上のものではない。他のレポ金利やユーロダラー金利は、民間ディーラーのマネーマーケットでのアービトラージで安定化し、その後民間のマネーマーケットが各種証券のディーラー活動における資金調達流動性の源として機能し、それが市場流動性の源となる双方向ディーラー市場を生み出した。金融管理は主に、フェデラルファンド金利の操作に限られた。ＦＦ金利の変化は市場流動性に影響し、他の金利や資金調達流動性に影響することで資産価格に影響した。マーティンはこれこそあるべき仕組みだと考えたし、やがては実際にそういうふうに機能するようになったが、それが２００７年８月に止まってしまったのだった。

　マーティンのビジョンは、ハロルド・ムールトンが１９１８年の時点ですでに指摘していたアメリカの歴史的な実務に基づくものだった。この実務はＦＲＢ創設以前からのもので、ムールトンはＦＲＢが、それを置き換えるのではなく、むしろ何とか支えてくれないかと願っていた。大恐慌と戦争がこの初期からの発展的な道筋を邪魔したが、それも一時的だった。長い歴史的な観点からすると、危機の中心的な教訓は次のとおり：アメリカの仕組みはＦＲＢによる最後のディーラーとしての支援を必要とするし、それはマネーマーケットだけの話（マーティンが強調したもの）ではなく、資本市場への支援が必要だし、また単に財務省証券だけへの支援（マーティンが強調したもの）でもなく、民間証券に対する支援も必要なのだ。マネーマーケットと資本市場との実務的な絡み合いは、アメリカの仕組みにおける決定的な制度的特徴であり、その特徴は中央銀行による同じくらい統合された下支えを必要とするのだ。

２００８年金融危機で、最終的に市場に底ができたのは、ＦＲＢが最後のディーラーとしての役割を受け入れたからだ。これについては本章のあとのほうで論じよう。だがそれで残る問題は、お次は何だ、というものだ。この点で、イングランド銀行が最後の貸し手という役回りを認識したら、次の論理的な一歩は、その最後の役まわりに引っぱり出される事態を全力で回避することだったというのを思い出そう。これはその後ずっと、金融政策と金融規制の目標となり続けた。それとのアナロジーで考えると、いまやＦＲＢは最後のディーラーという役割を認識したので、次の一歩はその新しい認識を使って、新世代の金融政策と金融規制を開発することだ。２００８年金融危機はそのプロセスの始まりを記すものだが、一方で古い思考パターンがそれを邪魔している。

ジミー・スチュワートの長い影

マネービューの観点からすると、通称シャドーバンクシステムというのは、マネーマーケットの資金調達流動性が資本市場での市場流動性に翻訳される、もっと大きな統合システムの一部でしかなかった。だがほとんどの人には事態はそのようには見えなかった。「シャドーバンク」という用語そのものが、新しい市場ベースの信用システムが、伝統的な銀行ベースの信用システムの観点から、当初（そしていまも）どんなふうに見られているかを物語っている。

そうした一般的な見方を部分的に擁護しておくと、確かにこの新しい仕組みは伝統的な仕組みから登場したものだし、そのシステムとのつながりによる共生関係——人によっては寄生関係とも言うだろう——に依存していたのも事実だ。さらに、そうしたつながりは危機の間は決定的なものとなった。というのもシャドーバンクが崩壊したとき、それはまず伝統的な銀行システムの上に倒壊したからだ。その結果として生じた重荷が、伝統的な銀行システムには重すぎるということになって初めて、政府の下支えシステムが動き出した。だがその下支えシステムは、市場ベースのシステムを支えるようにはまったく意図されていなかったものだ。

だから政府は、新しいシステムを間接的かつ意図せずして支える結果となってしまい、直接、意図的に支えたのではなかった。政府の介入は、新しい市場ベースの信用システムに底を設けるためのものではなく、古い銀行ベースの信用システムを立て直して復活させるためのものだった。おかげで、市場ベースのシステムが一時的な異常でしかなかったという見方が強まり、歴史を巻き戻してもっと初期の単純な時代に戻ることが可能（いや望ましい）かも、と思わせてしまったのだった。これは実在した試しがない世界への物欲しげなノスタルジーでしかない。楽しいクリスマスの記憶としてしか存在しない、ジミー・スチュワート型銀行へのノスタルジーだ。だがノスタルジーは強力だし、それが自分の思考に与える影響を無視すると痛い目にあいかねない。

　そのノスタルジックな記憶によると、伝統的な銀行業では、銀行は地元の家計から預金を集め、地元の他の家計に融資をした。単純な事業であり、主要なリスクは債務超過リスクと流動性リスクだった。債務超過リスクは、融資デフォルトの可能性だった。それに対処するため銀行資本によるバッファが設けられ、その下支えはＦＤＩＣの預金保険だった。流動性リスクは預金引き出しの可能性で、それは現金準備のバッファで対処され、その下支えは連邦準備銀行の割引窓口だった。新しいシャドーバンクシステムを見るときに多くの人の念頭にあったのは、こういう銀行業のモデルだった。そしてこの観点からすれば、新しい仕組みがお馴染みの債務超過リスクや流動性リスクを持つのは明らかなのに、そのお馴染みのエクスポージャーの扱いはまったくちがっていた。伝統的な銀行業とのアナロジーを明確にするため、次ページに様式化したバランスシートを並べて示そう。

　ジミー・スチュワートの観点からすると、シャドーバンクの中心的な特徴は、金融機関が証券化したローン（ローン自体ではない）を保有し、そうしたローンの資金調達を卸のマネーマーケットで行う（リテール預金からではない）ということだ。シャドーバンクシステムでは、債務超過リスクは、資本バッファではなく各種の保険で対処される。これをここではクレジット・デフォルト・スワップ（ＣＤＳ）の購入であらわす。そして流動性リスクへの対処は現金準備ではな

伝統的な銀行

資産	負債
現金準備	預金
融資	資本バッファ

シャドーバンク

資産	負債
証券化ローン	マネーマーケット資金
CDS	－ABCP
	－RP

く、卸のマネーマーケットで借りるときの担保として証券化ローンを使うことだ。この借入れを、資産担保コマーシャルペーパー（ＡＢＣＰ）とレポ（ＲＰ）で示す。こうした証券は通常、機関マネーマーケットミューチュアルファンド（ここには示していない）の投資として保有される。[2] 重要な点は、シャドーバンクシステムでは債務超過リスクも流動性リスクも、政府により直接的な形で下支えされていないということだ。シャドーバンクはジミー・スチュワート型銀行だが、規制がないだけでなく保護もないのだった。

それはいけないことだろうか？　政府が下支えとして尻拭いをさせられないなら、別に頑張って規制する必要もないという議論もあり得る（そして実際にあった）。未亡人や遺児たちはおそらくＡＢＣＰやＲＰを保有したりはしていないだろうから、預金保険（とそれに伴うモラルハザード）はいらないだろう。さらにＡＢＣＰとＲＰはマネーサプライの一部ではないので、このどちらについても心配すべきマクロ経済的な理由もないし、だから準備金要件も必要ない。いまにして思えば、このどちらの結論も前提がまちがってはいた。だが理解すべき重要な点は、それが受け入れられたのは銀行業のジミー・スチュワート的な理解のせいだということだ。

同じ歪曲的な視点が、その後の崩壊に関する人々の理解にも影響を与えた。危機の初期には、規制された伝統的な銀行は無傷で、規制のないシャドーバンクで古典的な取り付け騒ぎが展開されているだけに思えた。リテール銀行の預金とマネーサプライの収縮という恐ろしい事態にはならず、卸のマネーマーケットが阻害されていささか苛立つ、という程度の話で終わるように思えた。預金保険の役割の一つは取り付け騒ぎを防ぐことなので、保険のないシャドーバンクが取り付け騒ぎに弱いのもそんなに意外ではなかった。マネーマーケットのミューチュアルファンドでＡＢＣＰやＲＰを保有している連中は、融資を守っているはずの担保の価値についてちょっと不安が生じただけで逃げ出した。だからシャドーバンクは、このちょっとした不安が生じただけで、マネーマーケット資金の借換えができなくなった、というのがこのお話だ。その典型的な結果は、何か親会社からのバックアップとなる流動性支援を引き起こすことだった。そしてその親会社は、通常は銀行だった[3]。

最初に崩壊した市場はＡＢＣＰだった。２００７年秋のことだ。だがＲＰ資金の拡大がそのすき間のほとんどを埋め、シャドーバンクの親会社による無担保借入れで残りは埋められた（無担保借入れでは、担保となるのは何か具体的な金融商品ではなく、借り手のバランスシートだ）。必要な資金を惹きつけるために、ユーロダラーと金融ＣＰ市場の金利は跳ね上がったが、それでも資金は集まった。ＡＢＣＰ保有者たちは、その根っこにある担保を不安に思っていたが、シャドーバンクの親会社はどうも特に心配していなかったようだった（その時点では）。というのも、それを自社のバランスシート上に平気で吸収したからだ。そして市場はその親会社については心配していなかった（その時点では）。というのも、親会社のほうには喜んで融資していたからだ。だから危機の第1段階では伝統的な銀行システムが、シャドーバンクシステムに対する、最後の民間貸し手として行動する意欲も能力もあった。

一方、ＦＲＢは伝統的な銀行システムに対し、きちんと最後の貸し手役を果たした。シャドーバンクの親会社と同じく、ＦＲＢは担保の品質については心配していないようで、担保の要件を緩めて利用資格要件を拡大することで、割引窓口でその担保の一部を受け入れる余地を作った。２００７年12月に導入された入札型ターム物資金ファシリティ（ＴＡＦ）が最も重要な資金調達チャネルとなった。これは匿名割引窓口として機能し、銀行は最大90日までの資金にビッドできた。ＦＲＢはその融資の資金源として短期国債を売却し、実質的に短期国債を、市場がもはや欲しがらないＡＢＣＰの代替品として提供した。だから、ＡＢＣＰを嫌がった人々はみんな、代わりのマネーマーケット資産をいろいろ提示された。ＲＰ、金融ＣＰ、さらに（本当に臆病な人には）短期国債だ。そしてしばらくはそれでうまくいったようだった。

だが２００８年３月に、ベア・スターンズが潰れて、危機が新しい段階に突入した、今度崩壊したのはＲＰ市場だった。貸し手が求めるヘアカットが激増したからだ。[4] 貸し手はどうやら、担保のファンダメンタルな価値に注目していたのではなく、むしろそれが混乱した市場でいくらで売れるかという点に注目していたらしい。それでも、無担保借入れ市場がそのすき間のほとんどを埋められた。これもＦＲＢが下支えした。いまやＦＲＢは、最後の貸し手機能を、新しいプライマリーディーラー信用ファシリティ（ＰＤＣＦ）を通じてディーラーたちに直接提供した。また、ターム物証券貸付ファシリティ（ＴＳＬＦ）で、民間レポではもはや通用しなくなった国債以外の担保証券に対して国債を貸し出す支援も行った。またもうまくいったようだった。ユーロダラー金利は、フェデラルファンド金利とかなり高いスプレッドを示したとはいえ、安定した。ＦＲＢは好きなだけ貸していたし、限界的な借り手は、バジョットの提言どおり高い金利を支払っていた。
最後に２００８年９月、リーマン・ブラザーズと、次いでＡＩＧ破綻により、無担保マネーマーケット資金すら凍り付いた。実際、国債ＲＰ市場すら凍り付いた。みんなむしろ財務省証券の担保を保有したがったからだ。音楽が止まったら、カウンターパーティーは政府であってほしい。システム全体を通じて、みんなはドルのマネーマーケット資金を見つけられないという問題に直面した。だがこの問題が最も厳しかったのは、ＦＲＢにアクセスできない人々だった。それで生じた必死の資金探しにより、ＬＩＢＯＲ金利はフェデラルファンド金利に対して空前のスプレッド水準となり、それに応えてＦＲＢは最後の貸し手をさらに広げ、ますます幅広いカウンターパーティーからの、ますます多様な担保を受け入れるようになった。

手元不如意の借り手の相当部分は、資金調達にＣＰ借入れを使っていた人々だ。これは金融分野の借り手だけでなく、非金融産業の借り手も含まれる。この問題に対処するため、ＦＲＢはコマーシャル・ペーパー・ファンディング・ファシリティ（ＣＰＦＦ）を作った。これはＦＲＢのバランスシートを使い、そうした現金の必要な借り手に直接貸すものだ。[5] こうした資金を必要とする借り手の別の大きな一群が、自分のシャドーバンクを吸収せざるを得なかった多くの外国銀行だ。彼らもそのせいでドルのマネーマーケット資金の借換え問題に直面していたのだ。この問題に対応するため、ＦＲＢは外国中央銀行との流動性スワップラインを使った。これは基本的に、割引窓口の借入れを外国銀行にまで広げるものだが、信用リスクをすべて負担するのは、その間に入る外国の中央銀行だ。[6]

ジミー・スチュワート的な観点からすると、このＦＲＢの役割の拡大のうち最後のものは、ド

シャドーバンクシステムの資金構造

シャドーバンク

資産	負債
証券化ローン	ABCP
CDS	RP

MMMF

資産	負債
ABCP	「預金」
RP	

民間の最後の貸し手

シャドーバンクの親会社

資産	負債
証券化ローン	ユーロダラー預金
CDS	金融 CP

MMMF

資産	負債
ユーロダラー預金	「預金」
金融 CP	

公共の最後の貸し手

シャドーバンクの親会社

資産	負債
証券化ローン	TAF 融資
CDS	PDCF 融資
	流動性スワップ

FRB

資産	負債
TAF 融資	通貨
PDCF 融資	銀行準備
流動性スワップ	財務省預金

ラマチックではあるが、伝統的な最後の貸し手という支援の拡大でしかないように見える。唯一のちがいは融資の規模で、ＦＲＢはもはや単に融資の資金源として、手持ちのアメリカ短期国債を売却するだけではすまないということだ。いまやバランスシートの負債側も広げて、会員企業から借入れを行い（史上初めて準備預金に利子を支払い）、財務省から借り入れて資金の不足分をまかなった。

　ジミー・スチュワート的な観点は、前ページの一連のバランスシートにまとめられる。最初のものは、シャドーバンクが危機前にどのように資金調達したかを示す。マネーマーケット証券を発行して、それをＭＭＭＦが買ったのだ。二つ目は、担保価値についての懸念で有担保資金が干上がったときにシャドーバンクの親会社が踏み込んだ様子を示す。三つ目は、無担保資金も干上がったときにＦＲＢが支援にやってきた様子を示す。ジミー・スチュワート的観点からすれば、こうしたバランスシートは最後の貸し手の物語を示す。最初は民間のもの、最後は公共のものだ。

　だがもっと広いマネービューの観点からすると、２００８年9月はＦＲＢが最後の貸し手から最後のディーラーへと移行した瞬間だった。実質的にＦＲＢは、崩壊しかけた卸のマネーマーケットを、自分のバランスシートに丸ごと取り込んだのだった。だがみんな慌てていたので、だれも気がつかなかった。ＦＲＢのバランスシートが倍になったその瞬間に、世間の注目は流動性の問題から債務超過の問題へと向けられた。暴落資産を買うための７０００億ドルの予算を求める財務省の要請によるものだ。後に財務省の戦略は銀行への資本注入計画に変わるが、強調すべき重要な点は、ジミー・スチュワートのパラダイムが目先の政策対応を形成したということだ。流動性リスクが問題だと思われたら、それはＦＲＢの問題だった。債務超過リスクが問題だと思われたら、それは財務省の問題とされた。いずれの場合も、シャドーバンクシステムが伝統的な銀行システムの上に倒れこんできたため、それがいまや単なる伝統的な銀行業の問題になったように思われてしまった。問題は銀行システムの救済となった——大問題ではあるが、少なくとも知的にはお馴染みの、安心できる問題というわけだ。

ムールトン＝マーティンのストレステスト

残念ながらこの知的な安全地帯の中では、この危機が提起した中心的な問題を直視するのは不可能だった。その問題とは、なぜシャドーバンクシステムがそもそも崩壊したのか、というものだ。というか、単にシャドーバンクだけではなくもっと重要な点として、もっと大きな資本市場に基づく信用システムが丸ごと破綻したのだ。そしてシステムをまとめなおし、その基盤をもっとしっかりしたものにするためには、その破綻を理解しなくてはならない。２００８年金融危機は単なるサブプライムの住宅ローン危機ではないし、シャドーバンクの危機でもない。それは１９５２年のマーティン報告とムールトン論文（１９１８）に沿って１９７０年以来構築されてきた、市場ベースの信用システムすべての危機なのだ。

この観点からすると、すぐに注目されるのは根底にある資金調達流動性の仕組みが完全に崩壊したという点だ。これは壁の裏の配管であり、それが実に劇的な破綻を遂げた。危機以前には、シャドーバンクの資金は有担保および無担保のマネーマーケットにおける民間借入れで提供されていた。この観点からすると、ＡＢＣＰ、次いでＲＰ、ついで金融ＣＰ市場が順番に崩壊したのは、単にシャドーバンクが借入れできないという話にとどまらず、もっと根本的には、そうした卸のマネーマーケットでの流動性を確保してきたディーラーシステムの崩壊についての話となる。

２００８年9月に起きた大きな出来事は、民間ディーラーのマネーマーケットでのアービトラージが、すでに1年にわたる圧迫を経て、ついに完全に干上がったということだ。そしてＦＲＢの対応ですごかったのは、民間ディーラーシステムを置き換えるための、最後のディーラーとして自ら乗り込んだということだ。資金を必要としていた銀行は、割引窓口経由でＦＲＢから借り入れたし、余剰の資金を持つ銀行は、過大な準備預金を保有するという形でそれをＦＲＢに貸し付けた。割引に使える担保が足りない銀行は、新しいＣＰファシリティや流動性スワップファシリティを通じて直接借入れを行い、ＦＲＢに預金できないＭＭＭＦは短期国債を買って、財務省はその売上げをＦＲＢに預金した。

当時の経済学者たちが、ＦＲＢのバランスシート拡大をめぐって行っていた議論は、ほとんどがこの最も重要な論点を見過ごしていた。バーナンキとその支持者たちは信用緩和（ＦＲＢ融資）の話をしたし、その批判者たちは量的緩和の話をした（準備高の基盤を拡大するＦＲＢの借入れ）。つまりは金融政策の伝達における「信用経路《クレジットチャネル》」と「お金の経路《マネーチャネル》」のどっちが重要かという、ほぼ無関係な危機前の議論を蒸し返しただけだった。一方、ＦＲＢのバランスシートの両側が拡大したという事実は、何か別のことが起きていたのを物語っている。ＦＲＢは卸のマネーマーケットを自分のバランスシート上に取り込み、マネーマーケットでの最後のディーラーとして乗り込んだのだ（２００８年9月には、まだその次のステップである資本市場の最後のディーラー役にまでは進んでいなかったが、それも間もなく実施された）。

こういう形でＦＲＢのバランスシート拡大について考えれば、2倍にしか拡大しなかったのは、むしろ小さすぎるように思える。なんといっても、卸のマネーマーケットはＦＲＢが引き受けた1兆ドルかそこらよりはずっと大きいのだ。だがＦＲＢがそれ以上はやらずに済んだ理由は、最後のディーラーとして行動することで、ＦＲＢは民間マネーマーケットでの継続的な融資も支えたからだ。それがなければ民間マネーマーケットも干上がっていたことだろう。実質的にＦＲＢは持続的なファシリティを提供し、お金の売買両方を行っていた。その価格は市場価格とは乖離していたので、それを使うのはどうしても他に手がないところだけだった。ＦＲＢがそこに下支えとして存在すると知っているだけで、みんなＦＲＢのビッド価格とアスク価格の内側で民間として取引する意欲が出たのだった。

だがそもそも民間資金調達流動性が消えたのはなぜだろうか？　崩壊が順番に起きたことで、根底にあったのは担保の問題だったのが明らかだ。まずは有担保マネーマーケット資金調達に使われる証券という形の明示的な担保、次に無担保マネーマーケット資金調達で使われる、バランスシートの純価値という暗黙の担保だ。担保の価値評価が脅かされると、その担保を資金調達に使う能力も脅かされたわけだ。だがなぜ担保価値評価が脅かされたのだろうか？　ファンダメンタルズの評価は確かに懸念材料だった――ひどい融資が行われていたのはまちがいない――だがマネービューの観点からすると、価格は何よりも市場流動性の問題だ。だからこの観点は資金調達流動性を市場流動性に翻訳するディーラーシステムに注目する。

その発端から、シャドーバンクシステムは二つの意味で、うまく機能するディーラーシステムに完全に依存していた。まず、ディーラーシステムは担保の価値を確立する証券価格（市場流動性）を決めた。第二に、ディーラーシステムはその担保を使って調達できるお金の価格とアベイラビリティ（資金調達流動性）を決めた。資本市場とマネーマーケットの両方で、ディーラーたちは価格を提示して、その結果として生じる売り注文と買い注文のフローをバランスシートに吸収した。この観点からすると、シャドーバンクシステムは注文フローの源であり、流動性を要求する存在だ。それを供給したのが民間ディーラーシステムだった。

　この仕組みを理解し、したがってなぜそれが壊れたかを理解するには、シャドーバンクをもっと大きな金融システムの中でもっと厳密に位置づけると役に立つ。出発点は、シャドーバンクが保有していた（そして資金提供していた）のが、もっと大きな証券化プロセスの作り出す、レーティング最高のトランシェだけだったという認識だ。この証券化プロセスは、各種ローンをパッケージにして、それを切り刻んで、お望みどおりのリスク特性を持つ証券に仕立てた。もっとリスクの高いトランシェを保有したのは、年金基金、保険会社、ヘッジファンドなどだ――というより、そういう保有をあてこんで設計されたトランシェだった。シャドーバンクとはちがって、こうした他の機関は自分のかけらを、自分の特徴的な負債資金で買った。マネーマーケット資金調達は使っていない[7]。だから資金調達流動性を要求したりはしなかった。だが少なくとも潜在的には、市場流動性を求める存在ではあった。というのもリスクエクスポージャーを制限する手段として、保有資産のシフト能力に依存していたからだ。

　だがその市場流動性の源は、資産市場そのものではなかった。その根底にある証券化トランシェは、保有を目的としたもので、取引を意図したものではなかった。そして全般的に、それらは実際には保有され、取引はされなかった。そしてここに、市場ベースの信用システムが抱えるしつこい課題がある。取引がないなら、価格はどこから得たらいいのか？　そして市場価格がないなら、ＡＢＣＰやＲＰの貸し手に対して、短期の融資を支える担保が適切なのだとどうやって請け合えばいいのだろうか？[8]　原理的に言えば、その貸し手に対して親となる存在のバランスシートへの明示的なリコースを与えることはできる――危機が最初にやってきたときには、それが解決策になった――だがこの仕組みはそもそもが、親会社を制約する規制的な足枷を避けるべく、そうした明示的なリコースを回避するためのものだった。では価格はどこからやってきたのか？

　いまにして思えば、市場流動性、ひいては価格の源は、その資産や類似リスクの資産に関する信用保険市場だったのは明らかだ。こうした話すべてへの鍵はクレジット・デフォルト・スワップ市場であり、クレジット・デフォルト・スワップ（ＣＤＳ）の市場流動性を主に供給していたのは投資銀行、特に元々の証券化取引をまとめた投資銀行なのだった。仕組みが機能しているときには、投資銀行は自分たちが顧客に販売した証券かトランシェに対するＣＤＳの双方向市場を作る用意ができていた。これがシステム全体の市場流動性の源であり、これが根底にある資産の価値評価に使われる価格の出所だった。投資銀行たちがトラブルにぶちあたって、マーケットメイク活動から手を引くと、市場流動性が収縮して価格が暴落した。だからこそ、２００８年3月のベア・スターンズ、そして２００８年9月のリーマン・ブラザーズの破綻が、市場ベースの信用システムにとってあれほどのボディブローとなったのだった。このどちらも、市場流動性の段階的な収縮の瞬間だったのだ。

　だが、なぜ投資銀行がトラブルにぶちあたったのか？　彼らが厳密にディーラーとして活動している限り、マッチドブックを実現しようと努力したはずで、そこでは一部の顧客からの保護購入が、他の顧客へ保護を販売するヘッジとして機能したはずだ。投資銀行ディーラーたちがこれをやった方法の一つは、信用リスクを通称合成ＣＤＯ（債務担保証券）にまとめて、それを顧客に売るという方法だ。現金ＣＤＯでの信用リスクエクスポージャーは、その根底にある実際の証券の保有からくる。合成ＣＤＯでは、信用リスクは根底にある証券のバスケットについての信用保護を売ることで生じる。好況期には顧客が商品を求めて行列している状況なので、そうした合成ＣＤＯを売るのもかなり簡単だったし、結果として投資銀行のディーラーたちがマッチドブックを実現するのも簡単だった[9]。

　彼らがマッチドブックを実現した別のやり方は、上位トランシェについては保険を買い、下位トランシェについては保険を売るというものだった。だがこれで彼らはベーシスリスクの問題に直面した。ある商品について保護を売り、他の商品について保護を買えば、この二つの資産価格の間にある相関に依存していることになる。そしてその相関がヘッジ比率を含意することになる。たとえば、ＢＢトランシェの保護を売り、ＡＡＡトランシェについて保護を買い、ＢＢトランシェの保険が10ドル動くとＡＡＡトランシェの保険が１ドル動くのがわかっているとしよう。そうしたら、一つのＢＢトランシェの保険契約をヘッジするには、ＡＡＡ契約が10個必要だ。これは大量のＡＡＡ契約だから、ＡＡＡトランシェの問題がシステム全体になぜあれほど致命的だったのかもわかる。

　もしシャドーバンクシステムと投資銀行ディーラーシステムがＡＡＡ保護の純購入者だったなら、純販売者はだれだったのか？　答えは、危機の中でわかったとおり、保険業界だった。伝統的な債券保護業者、たとえばアムバックやＭＢＩＡなどもいたが、ＡＩＧの金融商品部門など新

投資銀行

資産	負債
高トランシェ CDS	中トランシェ CDS 低トランシェ CDS

保険会社

資産	負債
	高トランシェ CDS

しい存在もいた。ＡＡＡトランシェの保険だけを引き受けることで、彼らは自分が何もせずにお金を儲けているのだと思い込んだ。というのも彼らのモデルによれば、保険を提供しているリスクはほとんど起こるはずがないものだったからだ。だが、彼らがＡＡＡ保護を提供しようという意志は、システムの成立に不可欠なのだった。それがなければディーラーたちは、ＣＤＳの帳簿をバランスさせられず、したがってシステム全体が依存する市場流動性を提供できなかったはずだし、だからシステム全体が依存する市場流動性も提供できなかったはずだ。保険業者たちは、実際には何かをすることに対してお金を得ていたのだが、その何かというのが何なのか、自分でもわかっていなかったのだ。

　上の様式化したバランスシートは、このシステムの仕組み（機能しているとき）を示している。投資銀行は市場流動性の源だった。彼らはＣＤＳの売買を両方やったからだ。彼らが投機をしていたのはまちがいないが、私は彼らを厳密なディーラーとして扱い、ビッド価格とアスク価格はマッチドブックを実現しようという試みとして選ばれているものとする。そう扱うことで、ディーラーたちが保険業界からＡＡＡ保護を買えるのがこの仕組みには必要不可欠だったことがはっきりする。[10] 典型的な保険会社は、高トランシェ保険を売ることで、何もしないでお金が儲かると思い込んでいた。典型的な投資銀行は、十分な高トランシェ保険を買うことでマッチドブックを実現していると思い込んでいた。どちらもまちがっていたことが、その後の出来事により証明された。
システムの（動いていたときの）働きをこのように理解することで、２００８年金融危機に先立つブームに関する最も深い謎の一つが説明できる。その謎とはつまり、市場全体の信用スプレッドが極度に低かったということだ。みんな、だれかがものすごく安い信用保険を販売しているのは知っていたが、みんなそれがだれか他の人だと思っていた。危機の中で、その純販売者は投資銀行であり保険会社だったことが判明した。そしてこの両者がしでかした重要なまちがいは、このシステムの流動性側面を考えなかったことだった。

マネービューの観点からすると、投資銀行や保険会社は市場流動性の供給者として機能していた。保険提供者たちは、低確率のリスクに保険を出しているつもりだったが、実は民間の最後のディーラーとして行動していたのだ。市場流動性を販売していたのに、その価格はあまりに低すぎた。ディーラーたちは帳簿をマッチさせたつもりでいたが、実は高トランシェの市場流動性を低いトランシェに広げていたのであり、自分で流動性リスクを引き受けていたのだった。そのすべては、音楽が鳴っている間は問題なく機能した。上り坂では、民間マネーマーケットの豊富な資金調達流動性が、それまで未踏だった資産への市場流動性拡張を支援し、その拡張が担保価値評価を支援し、それがさらなる資金調達流動性の拡張を後押しした。下り坂になると、同じ強化サイクルが逆に作用した。これは信用の本質的な不安定性の21世紀版だ。

この観点からすると、根本的な問題は保険会社たちが、そもそも契約してはならないような契約を書いていたことなのだった。最後の貸し手と同様、最後のディーラーは本質的には公共的な機能であり民間の機能ではない。ディーラーたちは、歴史的な資産価格を使ってモデルを補正し

図２　不動産ローン担保証券の担保価格

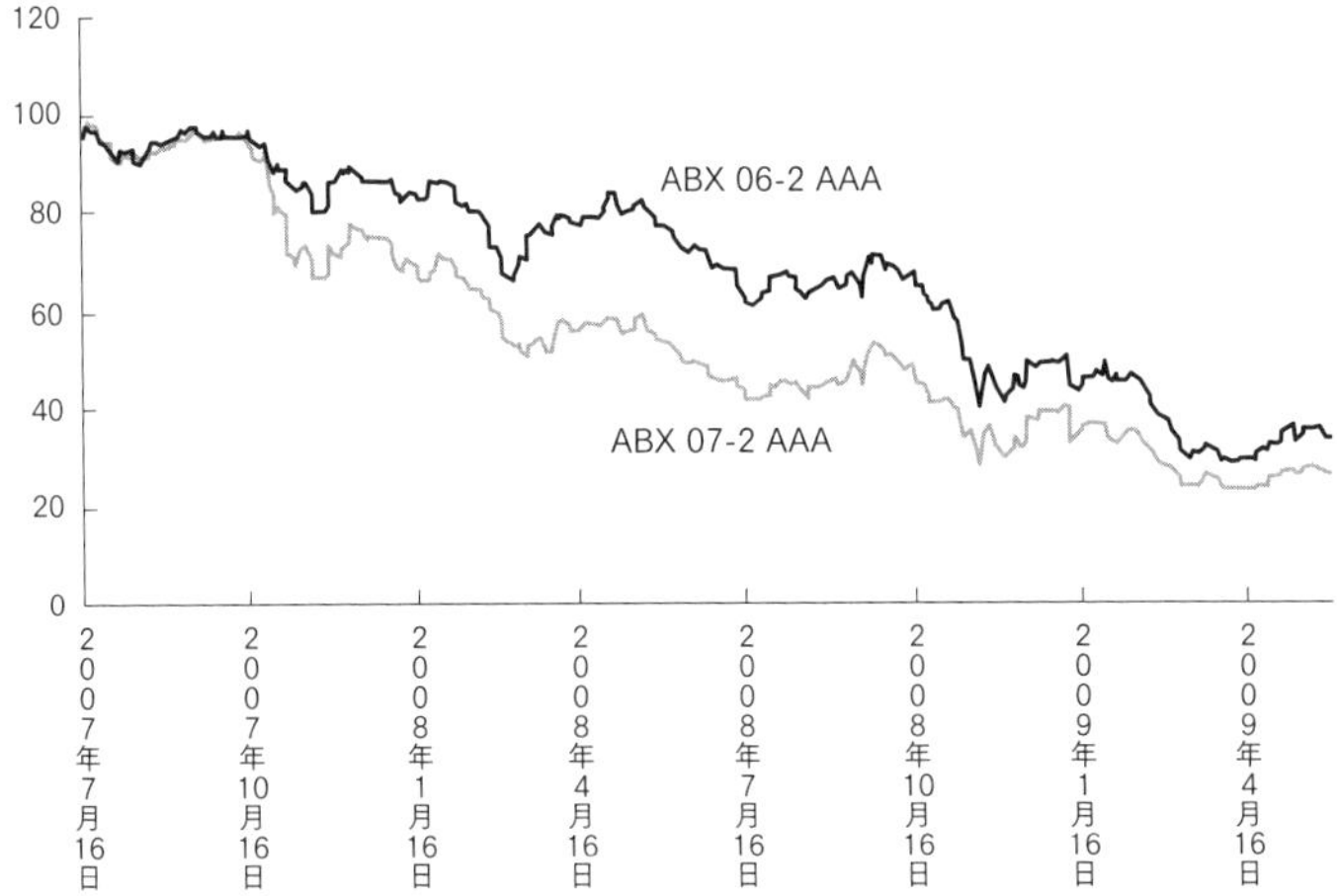

出所：Markit

ているので何もリスクを負っていないつもりだった。だが実は、そうした保険契約を交わす意志自体が世界を変えており、巨大なレバレッジの穴を作り上げて、それが民間リスク負担能力を超えるほどの全身性リスク問題をもたらすことになった。ＡＩＧがそうした契約を止めたら、それでゲームオーバーだった。市場流動性はシステムから流出し、自己強化サイクル全体が逆回転を始めた。

　そのきりもみ急降下は、ＡＢＸ指数のＡＡＡトランシェのグラフを見ればわかる。これは、サブプライム住宅ローンを持つＣＤＯのトップトランシェ価格の指数だ（図２）。ＡＡＡ格付けは、そのインデックスの開始時（２００６年物と２００７年物）にその根底にあった構成要素の格付けを指す。明らかに、根底にあった構成要素の多くはその後、きわめて大幅な格下げを受けている。重要な点としてこのグラフが始まっている２００７年７月に、私がこれまで描いてきたような流動性効果は、おそらくは価格を価値より**高くするように**動いたはずだ。サブプライム住宅ローンの裏付けを持つＣＤＯのＡＡＡトランシェは、まるでそれが財務省証券であるかのような価値評価を受けていた。

だがそこで危機がやってきて、同じ流動性効果は今度は、価格を価値より**下に**引き下げるよう作用した。危機が深まると、ファンダメンタル価値も当然下がり、市場流動性のさらなる収縮を引き起こして、価格はさらに引き下げられた。だがこのきりもみ急降下の核心にあるのは、資金調達流動性を市場流動性に翻訳する民間ディーラーシステムの崩壊だった。危機への政策対応の核心にあったのはＦＲＢで、彼らは公共的な最後のディーラーとして乗り込み、崩壊する民間ディーラーシステムの下支えをしたのだった。

最後のディーラー

危機の初期段階では、これまで見たとおり、ＦＲＢは介入を資金調達流動性だけにしぼり、その資金調達流動性を市場流動性に翻訳するのは民間ディーラーシステムに任せた。「普通の危機」でならそれで十分だっただろうが、これは普通の危機ではなかった。初期の政策対応が不十分だと、ＦＲＢは市場流動性の側面にもっと直接的な関心を払うようになった。

この関心の発端の日付は、２００８年３月のベア・スターンズ破綻後に、新しいターム物証券貸付ファシリティ（ＴＳＬＦ）を導入した時点だ。ＴＳＬＦは、民間ラベルの住宅ローン担保証券（ＭＢＳ）をまともな財務省証券と交換しようと持ちかけた。このファシリティを使って、レポできないＭＢＳを持つシャドーバンクの親会社は、そのＭＢＳをレポに使える長期国債と交換できた（当初、このファシリティはＡＡＡ格付けのＭＢＳに限られた）。法的には、このスワップは融資として構築されていたが、リスクエクスポージャーはクレジット・デフォルト・スワップ（ＣＤＳ）のものだった。だからこのファシリティが永続的だということは、ＦＲＢが実質的にある特定の信用保護保険の価格に上限を設け、したがって根底にある参照された証券の価格に底を作った、ということだった[11]。ＦＲＢは、独自のやり方で少しずつ、ＡＩＧのやってきたことをずっと大きな規模で始めたのだった。資本市場への最後のディーラーとして行動しはじめたのだ。

振り返ってみると、この初期の活動は、水を慎重につま先で確認するというものだったが、ＦＲＢと政府全体は、やがて必死でその水をかき始める。２００８年９月７日には、財務省はファニーメイとフレディマックを財産管理下に置いた。そして９月16日にＦＲＢはＡＩＧのクレジットデリバティブの帳簿を引き受け、代わりに同社のエクイティ持ち分80％を得た。だから政府はシステム全体を支えていたＣＤＳポートフォリオを獲得したことになる。そしてその後、既存の契約の遵守確保のために行動したが、まだ新しい契約を書くには至っていなかった[12]。

だが新しいＣＤＳ契約かその経済的な等価物を書くための新しい各種ファシリティが、すぐに登場した[13]。10月21日には短期金融市場投資家ファンディング・ファシリティが発表された。これは、ＭＭＭＦが保有する高格付けのマネーマーケット資産について、償却費用の９割という価格の底をＦＲＢが提供するに等しいものだった[14]。これを利用した人はいなかった。というのも預金保険をＭＭＭＦ口座にまで広げることで、すでに取り付け騒ぎは止まっていたからだ。だがこの初期のファシリティは、後のファシリティのお手本となったらしい。２００８年11月に、ＦＤＩＣ、財務省と協力して、ＦＲＢはシティグループ保有の住宅ローン関連資産を集めた３０６０億ドル分について、テール信用リスク保険を書き、バンク・オブ・アメリカが保有する資産１３８０億ドルについても同じことをした。だがそのどちらも単発の手法で、特に大きな問題を抱えている機関が直面する問題に対応したものでしかなかった。

最も重要なものとして、証券化活動を再開させようという明示的な活動として、２００９年３月にＦＲＢはターム物ＡＢＳ貸付ファシリティ（ＴＡＬＦ）を開始し、新しい有担保融資のＡＡＡトランシェを支援しようとした[15]。この発想は、消費者ローン（たとえばクレジットカードの未収金や自動車ローン）から始めて、その後は住宅ローン担保証券に移行するというものだった。新規発行の証券だけから始めて、やがて市場が凍り付いている過去の証券にも手を出そうというわけだ。ＦＲＢの憲章では融資は認められているが、保険を出す権限はないため、このファシリティは融資として構築されている。だが実際には、１ドルあたり90セントを、ノンリコースでＬＩＢＯＲ＋１００ベーシスポイントで融資することで、ＦＲＢは基本的にはリーマン・ブラザーズとＡＩＧがかつてやっていたことをやっていたわけだ。ただしレバレッジは低く、つける価格も高かった（こうした融資に関わる信用リスクは、財務省の問題資産救済プログラム１０２条の下にある「問題資産の保険」から得た資金でカバーされた）。

このようにしてＦＲＢは最後のディーラー介入を、マネーマーケットから資本市場へと広げたのだった。最後のディーラーとして動くことで、ＦＲＢは自分の活動を導くバジョット原則の新バージョンを発明することとなった。**好きなだけ保険を出すが高い保険料で。**最後のディーラーとしてのＦＲＢが保険を出していたのは、債務者が約束した支払い額ではなく、その約束が持つ市場価値に対してだったという点は強調しておくべきだ。それが最後のディーラーと、最後の信用保険者の差だ。元のバジョット原理の場合と同じく、ＦＲＢのつける価格は、民間市場が回復したときにＦＲＢを出し抜こうというインセンティブを提供するようなものにするという発想がここに見られる。

　ここまでは、計画どおりに進んできたように見える。というのもＴＡＬＦを通じて多くの消費者資産担保証券化の取引がうまく成立したからだ。また、ＴＡＬＦの外でも多くの取引がうまく成立し始めている。目標は証券化を再開させることだったし、それが実現した。だがこのプログラムの規模は、開始時に予想されたよりもずっと小さかった。そしてその理由はどうも、ＴＡＬＦが住宅ローン担保証券まで含むように拡張するための細部が、最後まできちんと詰められなかったせいらしい。

　代わりにＦＲＢは、ファニーメイとフレディマックのような政府支援機関（ＧＳＥ）のどれかが保証した住宅ローン担保証券を**直接**購入するという別のプログラムを開始した。今日までＦＲＢは、こうした証券を1兆ドル以上貯め込んでおり、そのために市場よりも高いビッド価格を提示してきた。ＦＲＢは、危機前の市場流動性の源だった信用保険市場だけでなく、いまや資本市場でも直接的な最後のディーラーとして活動するようになった。

　これは大胆で革新的な実験だが基本的なパターンははっきり浮かび上がる。ＦＲＢはいまや、現代の市場ベースの信用システムのために最後のディーラーとして生まれ変わらねばならないことを認識したのだった。ＦＲＢが開始した各種のファシリティは、既存の法的な権限の下におさまるようにツギハギで作られたものだった。長期的には、法制度のほうが新しい現実に適応するものと予想される。もっと根本的な点として、金融政策の枠組みが再編されると期待したいところだ。それは危機前の「自然」金利追跡へのこだわりを超えて、資金調達流動性から市場流動性へと流れる資産価格への重要なつながりを初めて考慮したものとなるはずだ。

結論

連邦準備制度の１００周年前夜に、私たちは気がつけば、ＦＲＢ創始者たちが直面したのと同じ問題の多くと格闘しているのだった。だが現在では、アメリカ流の中央銀行業について１世紀にわたる体験という優位性がある。確かに、私たちは独自の知的な盲目性を克服しなくてはならないし、それは主に、私が管理の時代と呼んだものの遺物だ。だがそれは、私たちの先人の脚を引っ張った盲点とはちがうものだ。先人たちとはちがい、私たちはムールトンのシフト能力重視を理解できるし、そのシフト能力の源としてのディーラーシステムを強調したマーティンの主張もわかる。私たちの盲点はむしろ、そうした力点の**過剰な**重視であり、その限界についての理解不足だ。流動性の本質がシフト能力だと言うのは、流動性が無料の財だとか、そうあるべきだとか言うのとはちがうし、金融政策や金融規制の問題を考えるときに、流動性を捨象して無視してもかまわないという話でもない。これが２００８年金融危機の中心的な教訓だ。

ＦＲＢの「最後のディーラー」という新しい役割は、平常時にはどんな意味合いを持つだろうか？　これこそこの先を考えるにあたって私たちが取り組むべき問題だ。そしてその出発点は、市場ベースの信用システムが、マネーマーケットの資金調達流動性を資本市場の市場流動性とつなぐ、双方向ディーラー市場に決定的に依存しているのだという認識だ。ＦＲＢは自分の役割を、そのシステム全体を支えて管理するための介入なのだと考えねばならない。単に資金調達市場のごく狭い一部で価格設定を行うだけにとどめてはいけない。

マネーマーケットでは、ＦＲＢの責務は明らかに、民間の資金調達流動性の監督を含まねばならない。これはフェデラルファンド市場だけでなく、ＲＰとユーロダラー市場も含む。というのもＦＲＢはどうしても、こうした卸のマネーマーケットでも最後のディーラー役を果たすことになるからだ。これは新しいが、バジョットのストレートな拡張だとは言えるかもしれない。

バジョットのストレートな拡張とは言いがたいのが、ＦＲＢとしておそらく継続的に注目しなければならない**市場流動性**だ。そしてこれは財務省証券の市場だけでなく、民間市場、なかでも住宅ローン担保証券についての市場流動性が重要となる。２００８年金融危機の重要な教訓は、資金調達流動性だけでは不十分だというものだ。というのも危機時には、ＦＲＢがどれほどがんばって資金を送り出したところで、資金調達流動性は市場流動性に翻訳されないからだ。最後のディーラーとしてのＦＲＢの目標は、市場価格を設定することではなく、単に価格の底を設定することとなる。これは通常時には市場価格からかなり離れたものになる。

この考えを腑に落ちるものにするため、次ページの様式化したバランスシートを考えてほしい。

民間ディーラーシステム

資産	負債
長期国債	短期国債
住宅ローン担保証券	長期国債
RP融資	RP借入

ここに示したディーラーシステムは、一つは金利の期間構造におけるある流動性プレミアムを収穫しようとしており（1行目）、次に金利の信用構造における流動性プレミアムを収穫し（2行目）、どちらの場合もそのポジションの資金調達をレポ市場で行っている（3行目）。これは第5章で扱った様式化したディーラーをストレートに拡張したものだ。唯一のちがいは、ここで私は市場流動性だけに注目しており、資金調達流動性は考えていないということだ。民間ディーラーシステムのふるまいは、期待利潤とリスクのトレードオフに左右される。

ＦＲＢの仕事は、ディーラーが直面するリスクをなくすことではなく、それに制限を設けることだ。期待利益とリスクの民間の計算が筋の通ったものとなる領域を設定することだ。リスクがなくなるわけではないので、期待利潤もなくならない。流動性は無料の財ではないのだ。だから期間構造のアービトラージは、平均では儲かるはずだと予想されるが、それはこれがリスクを伴うからだ。同じことが信用構造アービトラージについても言える。ＦＲＢの目標は、完全な流動性というあり得ない理想にできるだけ近づけることではない。単にシステムが脱線しないような境界線を設けることだ。

このためには、最後のディーラー機能を、一種のテールリスク保険として考えると役に立つ。たとえば、ＦＲＢが常に、選ばれた一群のＡＡＡ民間証券を、1ドルあたり80セントの価格で買う用意があるとしよう。これは注文の限界を設けるもので、収益性のないトレーディングの選択肢だが、参照される証券の価格が80セント以下には決して下がらないことを保証する、一種の「信用保護」として見ることもできる。20セント分のヘアカットがあるのは、古典的な最後の貸し手としての介入での高金利と同じ狙いだ。このファシリティを使う人々が、それを本当に最後の手段としてしか使わないようにするためだ。

　実際には、平常時にはおそらくだれもこのファシリティを使わないだろう。ＦＲＢは、テールの**流動性**リスクを負担したいのであって、テールの**信用**リスクを負担したいのではない。後者を避けるためには、最後のディーラー価格は市場価格からかなり遠くに設定する必要がある。民間ディーラーがまともに活動すると期待される、もっと狭い領域を確立するためには、別の政府機関がテール信用リスクを負担しなければならないかもしれないが、それはＦＲＢではない（まさにこのような形で、ＦＲＢのＴＡＬＦプログラムの信用リスク部分は財務省が引き受けたし、ＦＲＢのＭＢＳ購入プログラムではＧＳＥたちが信用リスクを負担した）。だが、最後の信用保険屋と、最後のディーラーとでは重要なちがいがある。後者の場合、狙いはシフト能力を保証することであって、富の損失を補填することではないのだ。この概念的な区別は、２００８年金融危機のＦＲＢによる介入すべての特徴であり、これは平常時にも機能するモデルのように思える。

　合理的なリスク計算の可能性を確立するための境界を設定したら、その後のＦＲＢはもっと伝統的な機能である金利設定に注力できる。だが、金融政策がマクロ経済管理であって、流動性管理とは切り離されているという幻影は維持できなくなる。ＦＲＢは二つのツールを持ち、二つの目標を持つが、どちらのツールも両方の目標に影響するので、まとめて考える必要が出てくる。それがずばりどう機能するかの詳細は、将来の課題として残しておけばいい。ここでは、金利をいじくれば、どうしても期間構造と信用構造のアービトラージからの期待収益もいじくることになり、したがってディーラーシステムが拡大する意欲も変わり、市場流動性と、ひいては資産価格への支援も変わることになるのだということを理解しておけば十分だ。

古典的なマネービューは、中央銀行家がマネーマーケットでの規律と弾力性のバランスを重視して、信用の本質的な不安定性を管理するよう促した。現代の世界はバジョットの世界とはまるで変わってしまったが、最も高い抽象化の水準で見れば、古典的なマネービューは、彼の世界と同様に現在の世界でも成立するのだ。マネーマーケットは、過去の約束が実際に達成された結果とつきあわされ、約束した現金の流出が、実現した現金の流入と対比される場所となる。生存制約は、私たちの分散市場システムのまとまりを維持する規律であり、その制約の管理こそが、中央銀行の最も重要な責務なのだ。

謝辞

本書の構想には50年かかったが、やっと執筆に乗り出したのは、２００８年11月にセス・ディッチックが催促してくれたからだ。目の前で展開しているドラマを見て、彼は現在の危機をもっと大きな歴史的視点で捉える本の余地があるのではと思い、それを私が書けるのではと思ってくれたのだった。本書が、彼の思ったとおりの本かどうかはわからないが、自分の中にあった本だとはまちがいなく言える。それは私の前著『金利と公共の利益』（第2章と3章）および『金融工学者フィッシャー・ブラック』（第4章）で触れた分野をおさらいするものだが、視点は新しいものだ。その視点は、辛抱強いニューヨークの学部生たちに対して、ウォール街のマネーマーケット（短資市場）が本当はどう機能しているのか（第5章）を説明しようとする10年以上にわたる教育経験から、苦労して獲得したものだ。だがそれは、２００７年8月以来の出来事により、無理矢理のうちに鋭い注目を集めるようになったという意味では新鮮なものでもあるし、またそうした出来事に対して建設的に参加しようという私の試みの産物（第6章）だという点でも目新しい。教室で私が開発しつつあった「マネービュー」は、経済学やファイナンス双方からくる他のもっとお馴染みの見方が当てはまらなくなったときにも、成り立っているように見えたのだった。

　他のだれよりも、ラリー・コトリコフは２００８〜２００９年にわたり、ボストン大学での私の居場所を整えてくれて、政策プロセスに私を押しやり、その後は手綱を緩めて本書を書かせてくれたことで感謝されるべきだ。おそらく私が書いたのは、彼が望んでいた本ではないだろう――その本は、彼が自分で書いた『ジミー・スチュワートは死んだ』――だがこの本は、彼なしでは想像できないような形で、まったくちがったものとなった。また、ジョー・スティグリッツとコロンビア大学政策対話イニシアチブの面々にも、２００８年5月に私のいささか未完成な、クレジット・デフォルト・スワップに関する放談の余地を与えてくれたことに感謝したい。またジェイミー・ガルブレイスと、平和と安全保障を支持する経済学者の会の人々に、２００８年11月以来、私の構築中の見方を提示する機会を与えてくれたことに感謝する。

　またこの底なしの危機の下に底を作るプログラムを構築するため、舞台裏で疲れ知らずの奮闘を続けた、主にニューヨーク連邦準備銀行の人々にも感謝する。そうしたプログラムは、この危機の向こうにある使い物になる未来への道を示してくれるものだと私は考えている。そうした作業の性質として、私はその人々のことよりはプログラムについてずっと詳しいので、そうした人々はほとんどが無名のままとどまる縁の下の力持ちではあるのだが、まちがいなく英雄だ。また、学者としての責務を超えて、自分の作業の途中で各章の草稿に目を通してコメントをくれた学会の同僚たちにも感謝したい。ロジャー・バックハウス、アーロン・ブラウン、アンドレ・バーグストーラー、ベン・フリードマン、チャールズ・グッドハート、ロブ・ジョンソン、アヌシュ・カパディア、デヴィッド・レイドラー、ダニエル・ニールソン、ゲッツ・フォン・ピーター、サンジャイ・レディ、ロジャー・サンディランズ。おそらくその全員が——FRB職員も学術同僚も——本書で何かしら同意できない部分を見出すだろうし、またそうあるべきだ。歴史の中で私が一つ共感している教訓というのは、学者と実務家の意見が一致するときには、用心すべきだということなのだ。

最後に、またもやパパが書斎にこもりきりの夏を再演させてくれた家族に感謝する。これはイタリアのコルトナで過ごした8月の2週間でも同じで、私はそこで第3章の初稿を仕上げたのだった。君たちの永続的な支援がなければ、これはまったく不可能だった。本の執筆は家族総掛かりの作業だ。君たちが私の家族であり、だから本書は君たちのものだ。

訳者あとがき

1　はじめに

本書はPerry Mehrling, *The New Lombard Street: How the Fed Became the Dealer of Last Resort* (Princeton University Press, 2011) の全訳に、コロナ危機への対応も含め、その後の展開を述べた日本語版への序文を加えたものだ。

2　本書の概要：シャドーバンク時代の中央銀行：最後の貸し手から最後のディーラーへ

著者ペリー・メーリングは、現在ボストン大学の経済学部教授だ。そしてその基本的な立場を彼は「マネービュー」と呼ぶ。これは純粋な経済学でもない、また純粋なファイナンスでもない、銀行の実務、特に中央銀行の実務に沿った、むしろ古典的なお金と経済の見方となる。

本書の題名はもちろん、かのウォルター・バジョット『ロンバード街』にちなんだものだ。この本は、20世紀初頭における世界のマネーマーケットの中心だったロンドンにおけるイングランド銀行の行動を見て、そこから中央銀行のあるべき役割を抽出して見せた。その役割とはいわゆる「最後の貸し手」または「頼みの綱の貸し手」だ。

　これはすでにご存じとは思う。金融危機でいちばん問題なのは、お金が不足することだ。人々が様々な理由で預金を引き出そうと銀行に殺到する。すると銀行は倒産してしまうし、そうでなくても融資を止めて実体経済の資金繰りが止まる。普通は銀行同士の融資で現金需要に対応できる。でもあらゆる銀行に取り付け騒ぎが広がると、銀行部門すべてにお金がなくなり、だれもその不足を補えない。銀行が次々に倒産すれば、銀行が担保していた支払いや決済の仕組みが消え、経済全体が止まる。

　これを避けるため、中央銀行の大きな役割は、他にだれもお金を貸さなくなった時点で最後に頼れる貸し手となることだ。中央銀行は、(一応)お金を刷れる立場だ。だからいくらでもお金を貸せる。中央銀行から(金利は高いが)必ず融資してもらえるから、銀行システム全体が破綻することはない。そしてみんながそれを承知していれば、多少の金融不安が起きても取り付け騒ぎにならず、そもそも金融危機は起きない――これがバジョットの示した、中央銀行の役割だった。

　メーリング『21世紀のロンバード街』は、このバジョットを21世紀にアップデートしたものだ。現代の金融の世界では、銀行の果たす役割はかつてほど大きくない。２００７、２００９年のリーマンショック／世界金融危機は、シャドーバンクが引き起こした危機だと言われたのをご記憶だろう。通常の銀行ではないけれど、銀行と似た機能を果たす機関だ。だからいまや金融危機が起きても、バジョット的な仕組みだけでは不十分だ。銀行だけ救っても、世界経済は救いきれない。

ではどうすればいいのか？

一つの答えは、そういうけしからんシャドーバンクなんざぶっ潰せ、というものだった。シャドーバンクなんて、銀行や金融部門を守るための各種規制や監督を逃れる脱法手口なんだから、叩き潰して古き良き銀行だけの時代に戻ろう、という。なに、規制逃れの仕組みなんだから、規制かけたらなくなるでしょ？　あとは中央銀行は昔どおり、「最後の貸し手」をしていればいい。金融危機後には、その手の物言いがたくさん出回った。

メーリングは、それは不可能だと言う。シャドーバンクは単なる規制逃れではない。それは間接金融から直接金融への流れの一部として必然的に登場したものだ。だからそれがあっさり消えることもない。中央銀行はこれから、シャドーバンクも含めた形で金融危機に対応する方法を考案しなければならない。そして、世界金融危機でアメリカの連邦準備制度（ＦＲＢ）はまさにそれをやった。本書は、その活動を中央銀行の思想の歴史に位置づけ、そしてそこから、中央銀行の新しい役割を提唱する。それが「最後のディーラー」「頼みの綱のディーラー」だ。

が、これだけでは何のことだかわからないはずだ。これを説明するには、そもそものメーリングの掲げるマネービューの考え方を駆け足でおさらいする必要がある。

3　マネービュー：流動性の経済学

3・1　お金の階層構造

マネービューはまず、そもそもお金とは何か、というところから始まる。

さて最近この「お金とは何か」談義はやたらに多い。マクロ経済学の人はM1だM2だM78だという話をするだろう。中央銀行が刷るものがお金だ、この福沢諭吉のついた紙切れがお金だ、いやお金とは信用であり信用創造で生み出されるのだ、いやそんなのはインチキのお金でそれが経済を破滅させるから信用創造なんかダメ、いや黄金だけが真のお金なのだとか、いや国が税金払うための手段と決めたものがなんであれお金なのよ、いやビットコインこそ新時代のお金であり、いやこれからはデジタル通貨こそが云々。コチャラコタを引用して「お金とは記憶なのです」なんてことを言う人もいるだろう。

さて、このすべては正しい一方で、常に正しいとは限らない。というのも、まず重要なポイントとして、お金は「これ！」という一つの存在ではないからだ。実際に人々が取引で使う「お金」を見よう。かつては、金本位制だった。だから本当のお金は黄金だった。でも実際には、各国の中央銀行はその黄金をもとに、自国通貨を発行した。これは「いつでもこれを黄金に換えますよ」という約束＝信用だ。そしてそれをもとに、銀行は預金を発行する。預金は「これはいつでも現金に換えますよ」という約束＝信用だ。そしてその銀行預金をもとにして、様々な証券＝借用書、手形、クレカ取引等々が発行され、それを使った決済や精算も日々行われる。

図A　お金の階層構造

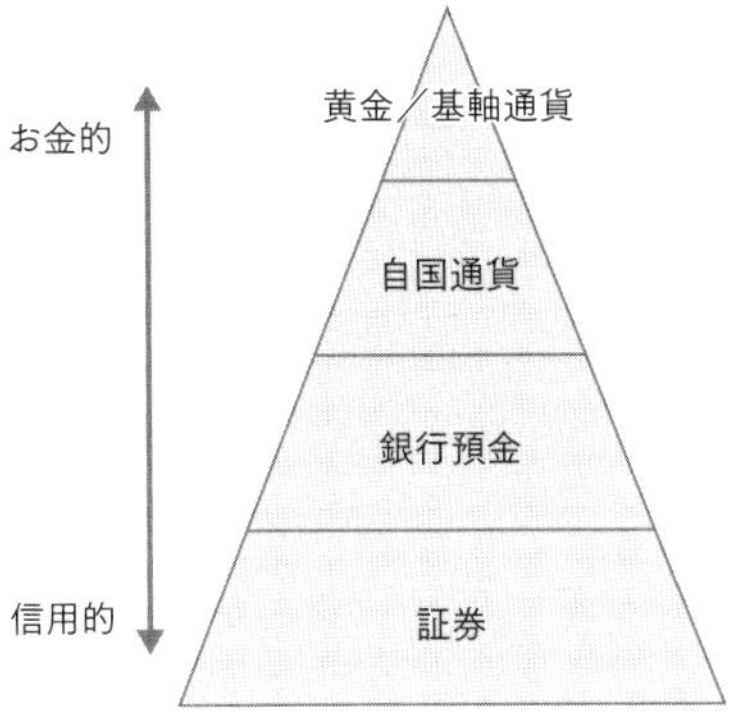

つまりお金は、図Aのような階層構造になっている。上にいくほど、本物のお金っぽい。下にいくと、信用、信用の信用、という具合に信用の度合いが高まる。物事がスムーズに動いていれば、そのちがいはあまり意識されない。でも、スムーズに動かなくなったら、それが極度に意識されて、下のほうのものはもはやお金扱いされない。どこまでが「お金」かは、状況に応じて変わってしまう。好況期にはその基準がどんどん緩くなり、不況になればそれが引き締められる。お金は、そのバランスで成立する弾力的な存在なのだ。

この緩和と引き締めのせめぎあいは、毎年、毎月、一日の中ですら起こる。日々、様々な支払いや精算が信用の拡大として行われ、そしてそれが日締めで収縮する。お金とは何かという話は多くの場合、このてっぺんのところの価値を担保するものは何か、という議論だ。でも実際のお金は、このピラミッド構造の呼吸だ。それを無視して「お金の本質」をいくら考えても、それは机上の空論の哲学談義でしかない。

3・2　お金のマーケットメイカーとしての金融機関

さて経済の中で日々使われる「お金」は、このように様々なレベルがある。そして、下のほうの信用的な性格が強いものが「お金」として成立する条件は何か？　それは、その上のレベルにいつでも移動できるという約束／信用だ。そして、それを担保しているのは金融機関だ。

お金の階層間の移動を保証するとはどういうことだろうか？　そこに流動的な市場があるということだ。そして、それは漫然と「ある」のではない。「声をかけてくれたらそのときに考えなくもないよ」というのでは流動的な市場にはならない。積極的に常に市場を作る（マーケットメイクする）存在が必要だ。

具体的に「マーケットメイク」とは？　それは、常に価格を提示するということだ。いつでもこの値段なら売る／買うという存在がいて、はじめて市場があると言える。これは銀行の場合にはわかりにくい。でも銀行は、現金と預金口座の金額との価値が必ず同じ、という「平価」という価格を提示していることになる。

すると、お金の階層と金融機関、価格の間には、図Bのような構造が見られる。

常にこれらの機関が、価格を提示することで市場を生み出す——それはつまり、この様々なレベルの「お金」の流動性を提供するということでもある。金融機関による価格提示／流動性供給が止まったとき——つまりこのお金の階層間のマーケットが消え、流動性がなくなったときに、金融危機が起こる。トランクに紙幣があっても中央銀行が破綻すればそれは紙切れだ。昨日までは、銀行に預金があれば「お金持ちだな」と思われても、取り付け騒ぎが起これば、銀行の預金

図B　お金の階層をつなぐ金融機関と価格

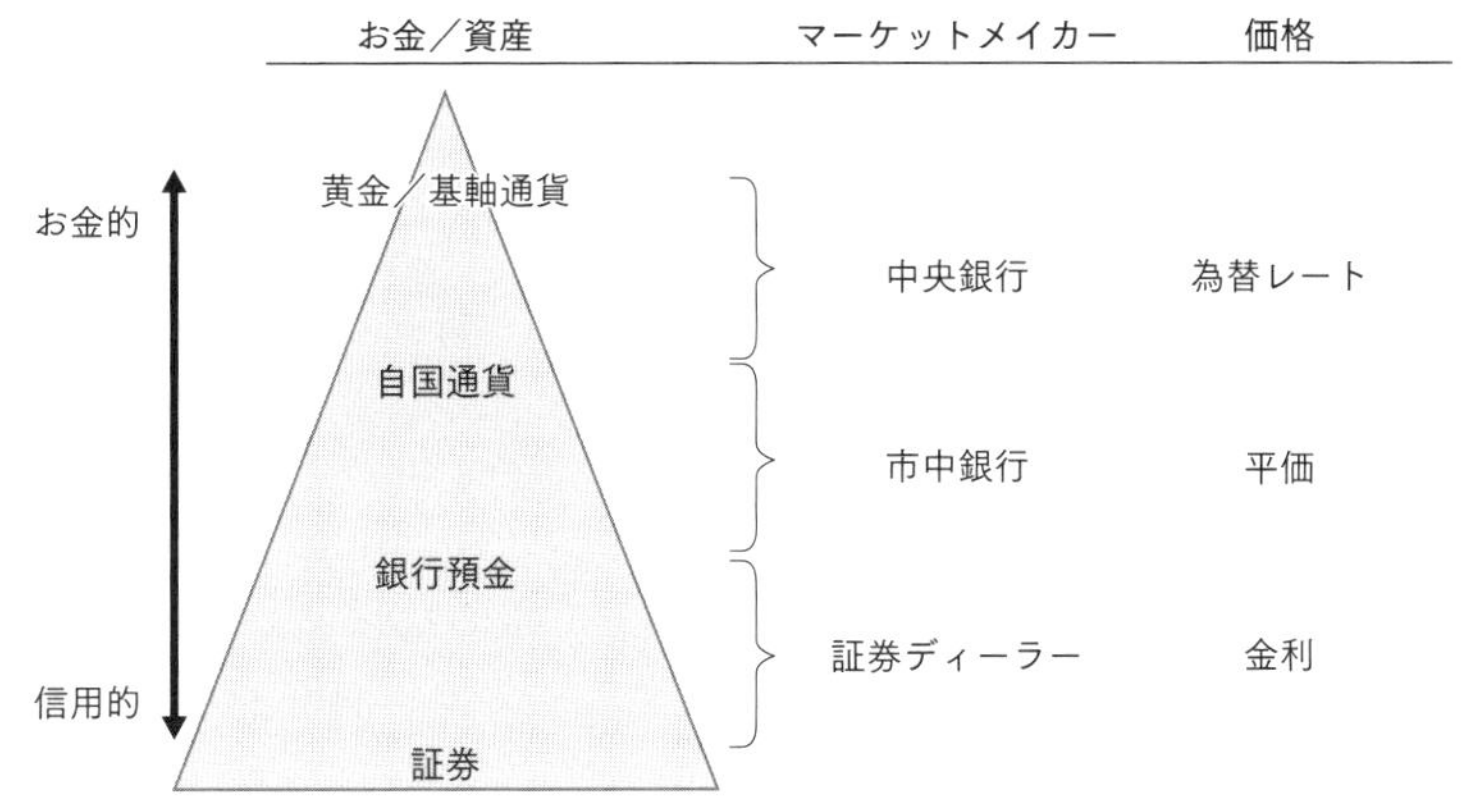

は無価値になる。昨日まで担保価値を持っていた証券が、金融危機ではまったく無価値になる。

このお金の階層の間に存在する各種の市場が、マネーマーケットだ。あるいは短資市場とも呼ばれる。株や債券の取引が行われる資本市場とはちがって、一般人が関わることはまずない、その筋の人しか知らない世界だけれど、ここの働きが世の中の「お金」すべての動きを決める。

3・3　ディーラーの機能：在庫と流動性供給

でもなぜ金融機関は価格を提示できて、いつも取引に応じられるのか？　なぜ市場に対して流動性を提供できるのか？　それは基本的に、その商品の在庫を持っているからだ。そして在庫を持つのは、それがいきなり売れなくなるかもしれないというリスクを引き受けることだ。在庫が増えれば、負うリスクも高まる。

在庫を持つことでリスクを抱えつつ、常に売値と買値を提示して市場を作る――これはディーラーの仕事だ。単なる仲介ではない。自分のバランスシート上に在庫を抱えるのがディーラーだ。様々なレベルのお金とその流動性を担保し、お金をお金たらしめているのは、中央銀行を含む金融機関のディーラーとしての働きなのだ。

そしてもちろん、ディーラーは在庫リスクを無料で負うほどお人好しではない。リスクを引き受けるだけの対価が必要だ。それは提示する売値と買値のバイ／セルスプレッドから生じる。それは「合理的」な水準からずれたものとなる。でもディーラーたちがマーケットを作り、流動性を供給してくれるためには、そのずれがどうしても必要だ。これはつまり、流動性の費用だ。

だからこそ、経済学の期間構造の期待仮説（ＥＨ、長期金利は短期の借換を繰り返した金利と同じはず、つまり短期金利と長期金利に差はないはずという理論）やカバーなし金利平価仮説（ＵＩＰ、為替レートは同じ金額を外貨と内貨で運用したものが等しくなるように決まるはずという理論）は実証的に成立しない。こうした仮説は、流動性に費用がかかることを考慮していないからだ。イールドカーブなんてものを気にする必要があるのも、まさにディーラーに在庫リスクを引き受けさせ、長期と短期の証券の間のマーケットメイクをしてもらうためだ。

３・４　最後の貸し手から最後のディーラーへ

ここまでを前置きとして、ようやく話は本書の主題にやってくる。

バジョットの「最後の貸し手」という中央銀行の位置づけは、この考え方からすると別の見方もできる。バジョットは、金融危機のときにはよい担保（手形）に対していくらでも高金利で貸せ、と述べた。でもこれはつまり、中央銀行が「高金利」という価格を提示して、自分の（現金の）在庫をはきだして担保の在庫を抱え込むことで市場を作れ、ということにもなる。つまりバイ／セル価格（金利）を提示することで自らマーケットメイクに乗り出せ、ディーラー役を務めろ、ということだ。最後の貸し手は、最後のマーケットメイカー、最後のディーラーでもあるのだ。

　バジョットの活動していた20世紀初頭のイギリスでは、これはあまり意味のある区別ではなかった。イギリスのマネーマーケットは銀行しかいなかった。その銀行は短期融資しかしなかった。預金を取って、そのお金を取引手形の割引といった非常に短期の融資につっこむのがイギリスのマネーマーケットだった。だからバジョットが「よい担保を取って高利で貸せ」と言ったときのよい担保とは、基本的には90日期日の取引手形のことだ。この手持ち資産の短期性が、イギリスにおける流動性の源だった。90日たてば、銀行の持つあらゆる証券は現金化され（自己換金）、流動化されるのだ。つまりその間、銀行にミルク補給し続ければすむ。

　これに対して、アメリカはちがった。発展途上国だったアメリカは、資金ニーズはあったが、資本市場は未発達だった。資金を提供できる金融機関は、銀行しかなかったので、銀行が長期融資をした。短期の預金を集めて、半年、一年、十年の債券を買い、それが長期資産としてバランスシートに載る。

　もちろんこれは、バランスシートの左右のタームミスマッチを引き起こす。取り付け騒ぎには弱いし、また日々の決済の現金ニーズも流動性リスクを引き起こす。それを避けるためアメリカの銀行は、この長期証券を市場に出してすぐ現金化できる必要があった。特にマネーマーケットのレポ市場での調達が大きかった。つまりアメリカでは、流動性は市場からくるものだった。だから危機のときには、銀行が倒産しないようにすればいいのではない。その市場を支え、証券をもとにした現金調達が続くようにしなければならない。

これが本書に頻出する、「シフト能力」だ。長期の証券を現金にシフトする能力。特にレポ市場で長期債を担保にして、現金を、つまりは流動性を調達する。そして、マネーマーケットが資本市場の資金を供給するということだ。

そしてそれは、シャドーバンクの原型だった。

3・5　シャドーバンクとは？　間接金融から直接金融へ

ここらへんで、本書のおそらくは山場である第6章の内容に話はだんだん入ってくる。

２００８年リーマンショック／世界金融危機は、シャドーバンクが引き起こしたと言われている。でもシャドーバンクとは何だろうか？　多くの人は、その名前のせいもあって（シャドー、影の銀行というと悪の秘密組織かなんかみたいだし）、ウォール街の連中が銀行に対する監督と規制を逃れるために考案したインチキだと思っている。そして、そういう面は確かにある。が、その一方で、これはもっと大きな間接金融から直接金融への流れで生じた必然的な動きでもあった。

伝統的な銀行は、預金者から預金を集めて、それを事業者に融資するという間接金融の仕組みだ（図C）。だれが融資を受けるかは、銀行が判断する。

シャドーバンクも、預金（のようなもの）があり、そのお金が（証券化された）融資の資金源になる、という意味では、銀行と同じだ。

図C　伝統的な銀行

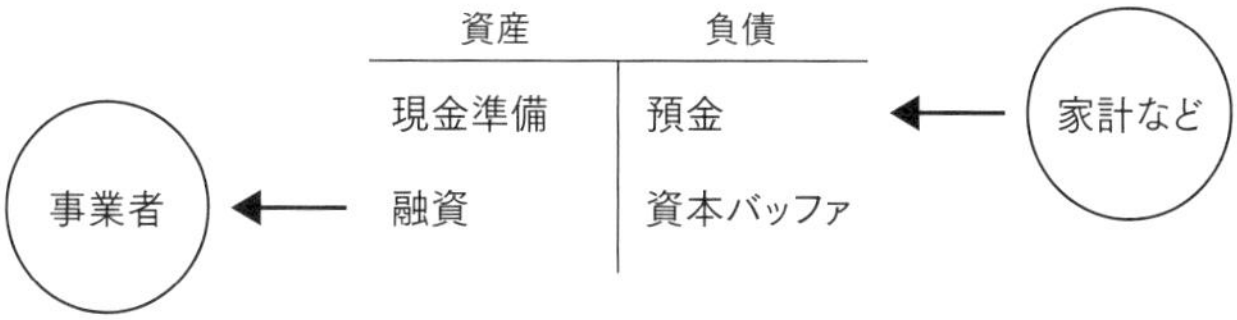

まず融資は、証券化された住宅ローン（RMBS）という形を採った。それを切り分け、AAAの格付けをもらい、デフォルトの可能性はクレジット・デフォルト・スワップ（CDS）として切り出すことで、リスクフリー資産であるアメリカ短期国債とほとんど同じ（だったはず）の証券ができる。

シャドーバンクは、その証券を買う。買うための資金は？　その証券を担保にして、マネーマーケットで（たとえばレポで）借り入れる。

その相手がMMMF（マネーマーケット・ミューチュアルファンド）だ。MMMFはマネーマーケットで短期のお金を回して運用する。そしてその資金源は機関投資家からの投資だ。でもその投資は会計的な仕組みにより、投資のシェアがほとんど銀行預金のようなものとなっている（いつでも引き出せるし小切手も振り出せる）。もちろん「預金」といってもぼくたち一般人のレベルとはちがう、一億円単位でしか話にならない世界ではある。が、それでも機能的には同じだ。

こうして、「預金」から「融資」へのお金の流れを提供する仕組みが完成した（図D）。外から見れば伝統的な銀行と、ほぼ同じだ。

が、中の仕組みはちがう。

伝統的な仕組みでは、銀行が信用（つまり融資）を供給している。銀行が自分のバランスシート上で融資を引き受ける。融資額の大小は、銀

図D　シャドーバンクの仕組み

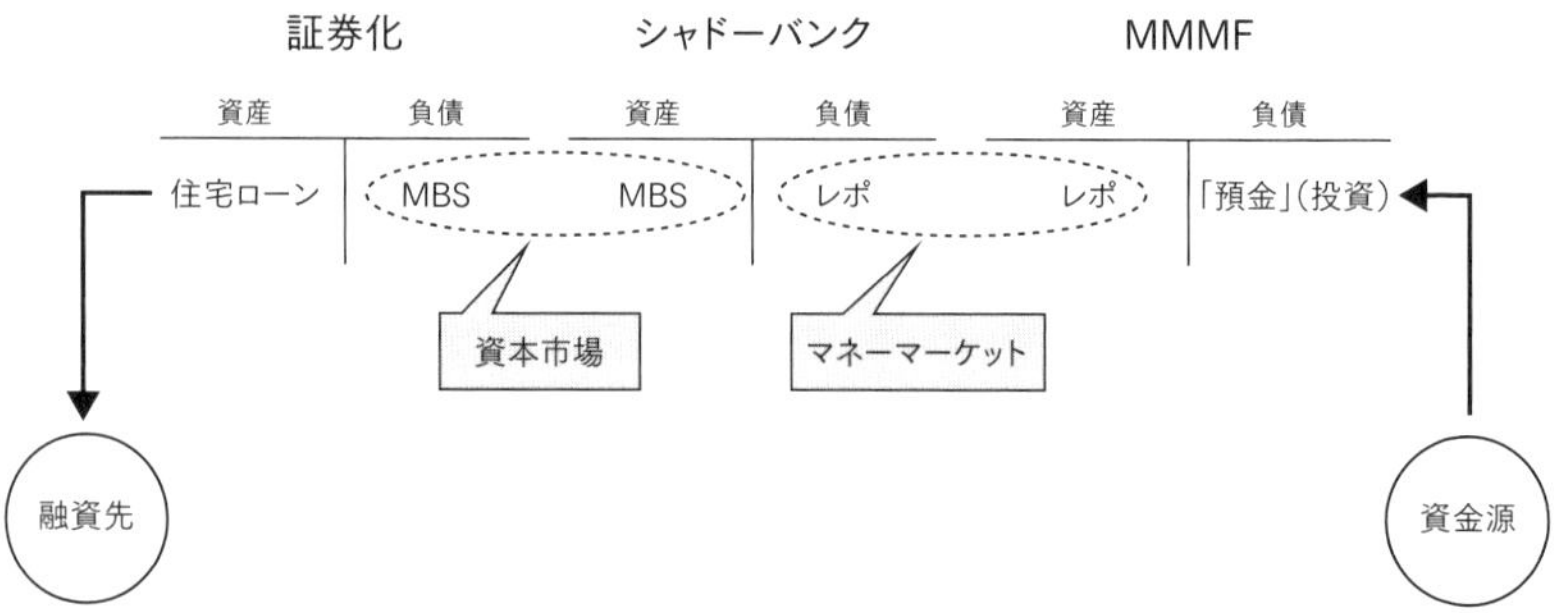

行の判断になるし、負債側の預金と融資のミスマッチは、銀行が自分のバランスシートの規模で吸収する。

ところが新しい仕組みでは、そういう判断をする機関がない。ここに出ている機関はどれも、完全なパススルーだ。資金を受け取って、それを様々な形で切ったり運用したりして、その結果をそのまま右から左に流すだけだ。

では融資の量などの調整はどこで起こるのか？　それは市場と、そこでの証券価格だ。レポ市場であり、ＲＭＢＳが取引される証券市場だ。住宅ローンがやばいよ、融資したくないよ、という感じになれば、ＲＭＢＳの価格が下がる。すると担保価値が下がるので、レポ市場で調達できるお金も減る。それは「預金」の減少となって資金源に直接波及する。融資先と資金源は直結している。これは直接金融の仕組みだ。

年金も、いまは確定拠出年金だ。決まった額をくれるのではない。市場でお金を運用して、そのあがりを右から左に流すだけだ。保険も、大数の法則で定額払いを保証する仕組みから、運用実績次第の変額保険が増えつつある。投資運用の主流も、投資会社が頑張る仕組みから、市場での運用があっさりパススルーされるミューチュアルファンドへと移っている。間の金融機関はお金をそのまま流しているだけだ。金融全体が、だんだん直接金融へと移行しつつある。シャドーバンクも、そうした直接金融への流れの反映だ。

そして右の図を見ると、シャドーバンクは、資本市場の資金調達をマネーマーケットで行う仕組みだというのがわかる。これは前項の最後で述べた、かつてのアメリカの銀行ときわめて似た仕組みだ。

だからシャドーバンクは、決して単なる規制逃れの場当たり的な小細工だけではない（そういう側面も確実にあるのだけれど）。銀行が規制で身動きが取れない中で、ジワジワと各種の活動が直接金融化する大きな流れの一環でもあった。

そして実は、規制当局はそれをむしろ歓迎した。規制をかけるということは、預金保険とか中央銀行による下支えとか、いろいろ面倒を見なければならないということだ。でも、直接金融で何かあっても、それは投資家／資金提供者の自己責任だ。だって、そういう約束なのですもの。規制当局としては、いい厄介払いだ。しかも、シャドーバンクの多くはヨーロッパで、アメリカにとってはなおさら助ける必要がない……はずだった。

が、そこで起きたのがリーマンショック／世界金融危機だった。

3・6　リーマンショック／世界金融危機

リーマンショック／世界金融危機では、この仕組みが崩壊した。アメリカの住宅バブルの中で、調子に乗って信用力の低い人たちに貸し出した、通称サブプライムローンの返済が次々に滞り、結果としてそれを束ねたＲＭＢＳの価値は、資本市場で下落した。そしてその下落により、もはやＡＡＡ格付けに値しないことが判明すると、ＭＭＭＦはそれをレポ取引の担保としてお金を貸してくれなくなった。結果としてレポ市場は崩壊した。そして、シャドーバンクの多くは、ヨーロッパにあっても実は、アメリカの銀行の子会社だった。「レポ市場でだれも相手にしてくれなかったら、親会社が面倒を見ます」という規定になっていたために、アメリカの金融当局が面倒を見る必要がないはずだったものが、親会社経由でアメリカの銀行システムに戻ってきたわけだ。

　これに対してＦＲＢは何をしたか？

　ＦＲＢの資産の移り変わりを見よう（図Ｅ）。まずＦＲＢは、手持ちの国債を大量に売却しているのがわかる（その後の量的緩和によるバランスシートの激増でちょっとわかりにくくなっているけれど）。このお金を使って、ＦＲＢは現金不足に陥った銀行の支援を行っている。同時に、割引窓口を使って、伝統的な「最後の貸し手」としての役割を果たしている。お金が足りないアメリカの銀行には、いくらでも貸すというわけだ。さらにこれまで担保として認めなかったものまで担保として認めるようになる。

　そしてそれと同時に、ＦＲＢはレポ市場のテコ入れを行った。２００８年から、レポ合意の手持ちが激増したのがわかる。これは、フェデラルファンド金利水準を維持しようという伝統的な活動だ。

　だが、それと同時に行われた各種の活動は、他とは性格がちがう、とメーリングは主張する。いろいろな名前で登場したファシリティは、従来の銀行の救済とはちがう。それは市場を支える

図E　アメリカ連邦準備銀行の資産

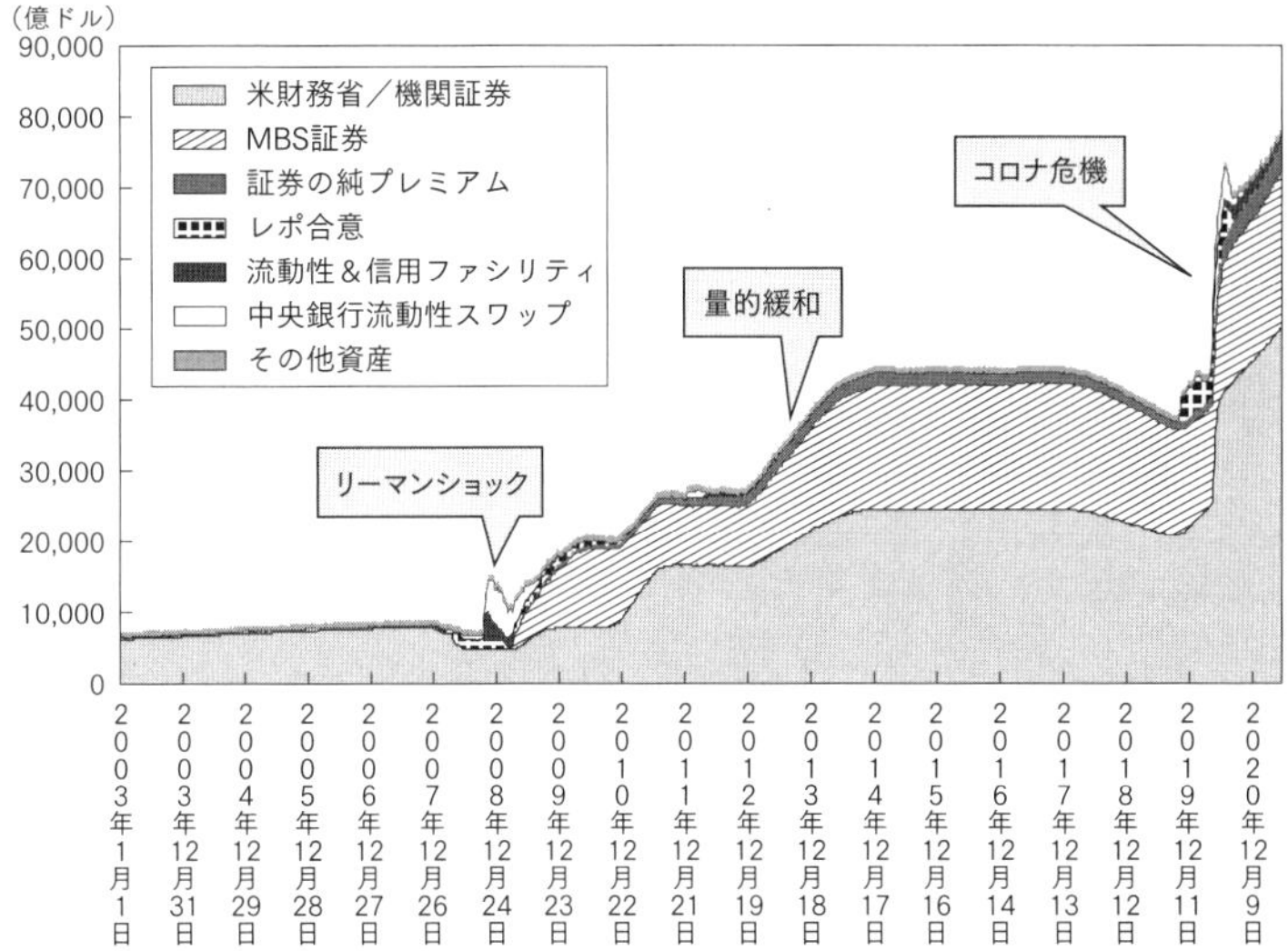

ものであり、そのためにＦＲＢが自らディーラー役に乗り出したものだ。そして、それはマネーマーケットだけでなく、やがてＭＢＳを自ら買い入れて市場すべてを自分のバランスシートに載せるという活動を通じて、証券市場でも自分がディーラーとなり、市場に底を設けた、というのが著者の見立てだ。

同時にシャドーバンクの多くが立地していたヨーロッパでは、シャドーバンクの破綻により生じたドル不足が、各国の中央銀行にストレスを引き起こしていた。これを解消するために、ＦＲＢは６大中央銀行（Ｃ６）とのスワップラインを設け、無制限のドル供給を行った（一時的なものの予定だったが、ギリシャ危機の際に復活し永続化された）。

こうした活動のかなりの部分は、場当たり的なものではあった。市場が崩壊して機能不全に陥るたびに、ＦＲＢは乗り込んでいって、必要ならマーケットメイカーたちが抱え込んだ担保用の証券を米国債と交換したりすることでその市場を修復し、それでも足りなければ自らディーラー役を買って出てその市場を維持した。こうしてＦＲＢは最後のディーラーとしての役割を、場当たり的にせよ果たした。

『ロンバード街』でバジョットが指摘した、中央銀行（彼の場合はイングランド銀行）の「最後の貸し手」という役回りは、必ずしも意識的なものではなかった。イングランド銀行の実際の危機対応を見て、そこからバジョットが抽出した考え方だ。今回もＦＲＢの対応は場当たり的だったかもしれない。でもそこから抽出される「最後のディーラー」という役回りは、実はアメリカの銀行制度の発展や、もっと広いマネービューの捉え方とも整合性を持つ。さて、ＦＲＢは今後、その役回りを明示的に自覚して、次なる危機に対応できるだろうか？

２０１１年に出た本書は、この問いとともに終わる。

３・７　コロナ危機

とはいうものの、金融危機はそうそう起こるものではない。ましてあの世界金融危機は百年に一度、大恐慌以来と言われた代物だ。だからＦＲＢが次の危機でもそうした機能を本当に果たしてくれるのか、それとも火事場のクソ力的な一回限りの運のいい対応だったのかは、今世紀中にはわからないかもしれない、とも思われた。

そこへ起きたのが、コロナ危機だった。

図F　アメリカ連邦準備銀行：流動性供給

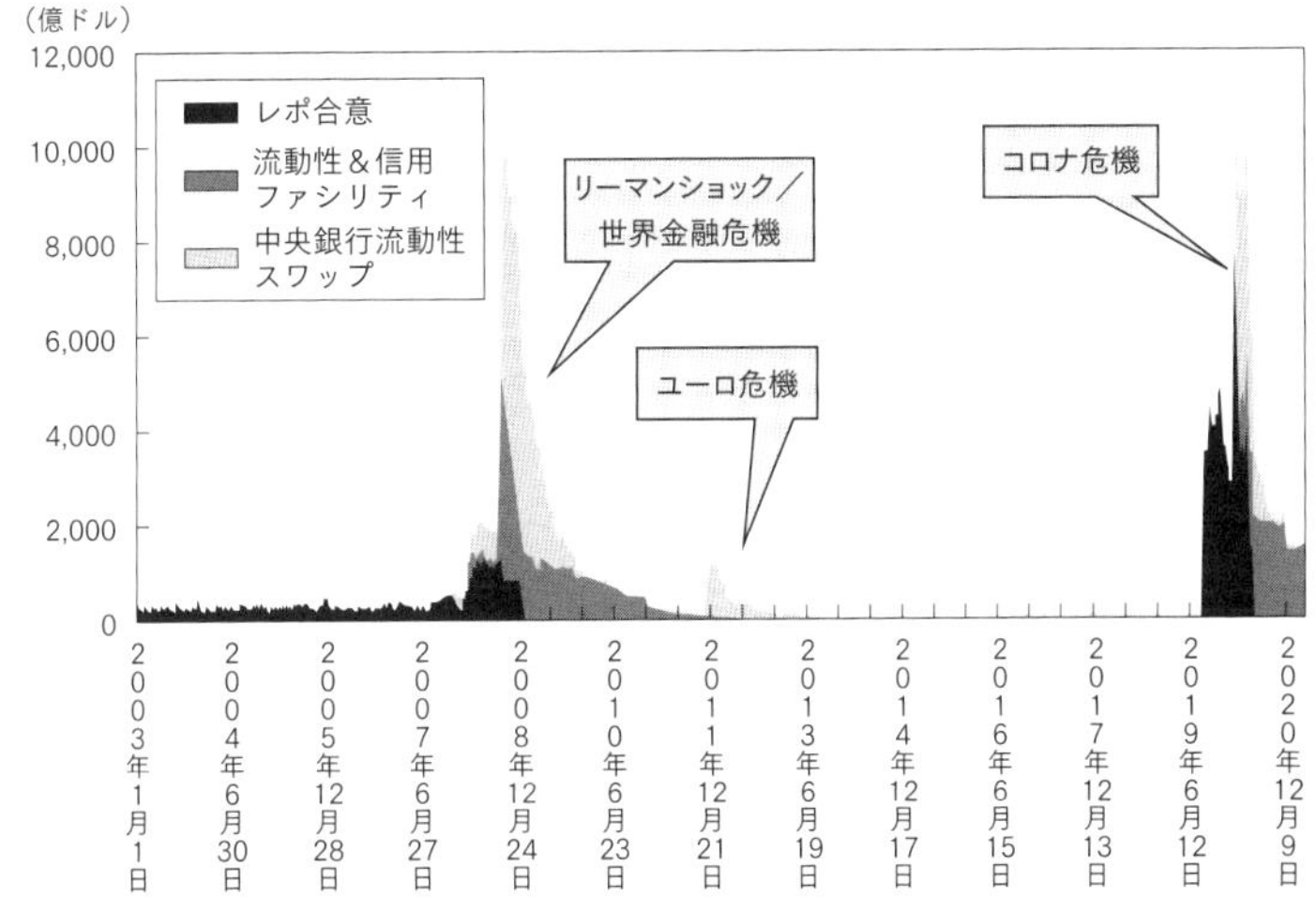

出所：US Federal Reserve, "Factors Affecting Reserve Balances (H.4.1)" https://www.federalreserve.gov/datadownload/Choose.aspx?rel=H41

これが、本書の日本語版への序文に書かれた話となる。コロナ危機は、まさにこのＦＲＢが最後のディーラーとしての役割を果たし、金融危機を救えるかどうかという、リアルなストレステストだったのだ。

こう書くと、多くの人は「コイツは何を言ってるんだ？」と思うはずだ。だって、コロナでは国内の財政出動問題は各国で起きたけれど、世界的な金融危機なんか起きなかったじゃないか？

が、実はコロナは、世界金融危機に匹敵する大惨事となりかけていた。多くの人は、そんな危機があったことすら知らない。それはまさに、ＦＲＢと世界の中央銀行がすばやく対応して、本当の危機を未然に防いだからだ。

論より証拠。ＦＲＢの資産のうち、

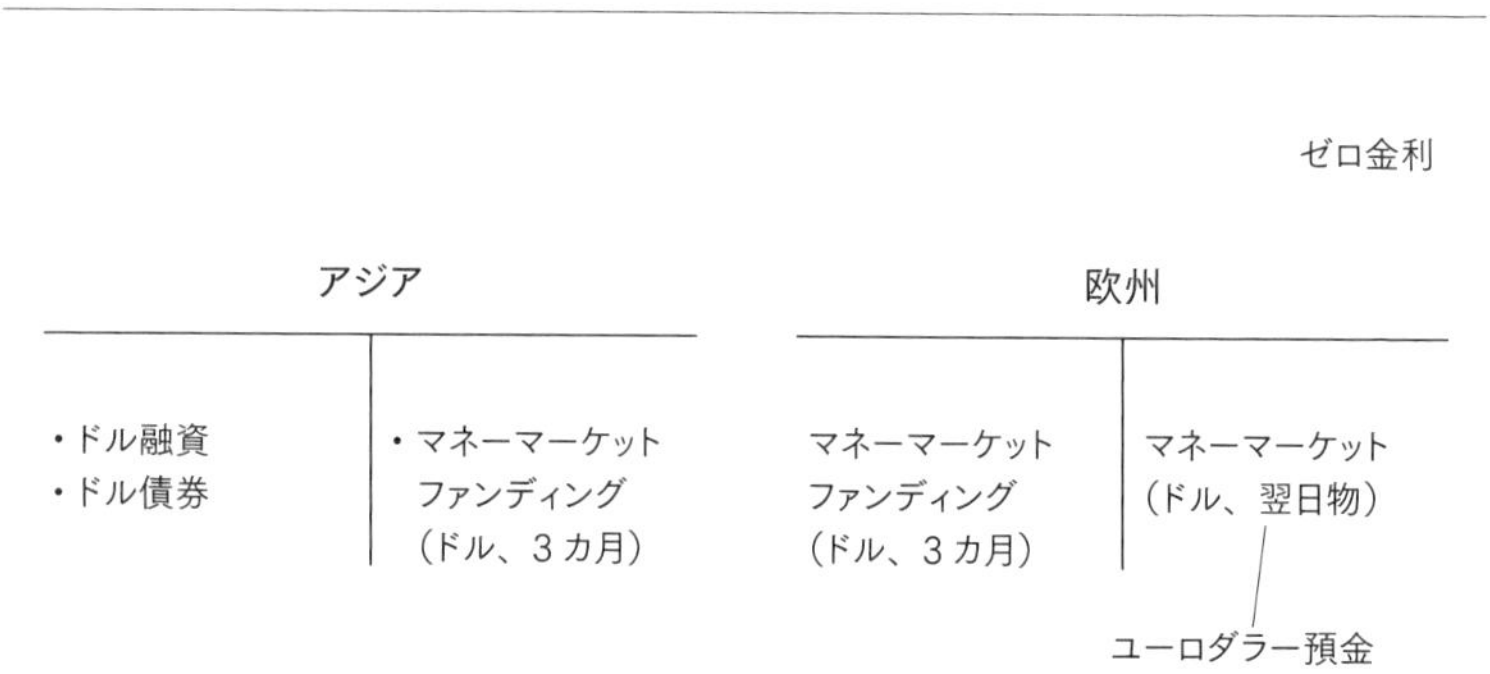

量的緩和で激増した米国債と、２００８年金融危機で抱え込んだＭＢＳを除いた、流動性対応の施策で積み上がった資産を見よう（図Ｆ）。レポ、各種ファシリティ、中央銀行流動性スワップの激増が見られる。そしてその規模は、世界金融危機よりも大きい。

　具体的には何が起きたのか？　まずコロナ以前の状況として、世界の貿易は空前の高まりを見せ……そしてそれはほぼすべて、ドル建てになっていた。アルゼンチンと中国の企業が取引をするとなると、ドル建てで契約する。最終的な支払いにおいては、アルゼンチンの顧客は中国の業者に商品の支払いをするため、ドルを調達しなければならない。アメリカがまったく介在しないところで、巨大なオフショアドルが流通している。２０２０年３月に訳者がメーリングにインタビューしたときに、彼の懸念はこれだった。具体的には、図Ｇのような仕組みだ。

　ユーロダラーの預金が、マネーマーケットを通じてアジア諸国に流れ、それが新興国の民間にドル融資を行うという仕組みだ。これが何かのはずみで破綻したら？　ユーロ危機と同じ結果が生じかねない。取引の中でドルが不足し、世界経済が止まりかねない。

図G　コロナ以前の新興国ドル市場

ポジションを取って
高いドル金利

新興国

中央銀行	非金融法人
・ユーロダラー預金	・ドル借入れ
	・ドル債券

しかもユーロ危機の場合、その元となったＲＭＢＳは、アメリカ発のものだった。それが崩れるとアメリカに累が及ぶ。だからＦＲＢは６大中央銀行同士の流動性スワップで、ドルの無限供給を約束した。が、アルゼンチンと中国、ラオスとクウェートが取引をしていて、そこで決済ドルが足りなくなったとなったとき、ＦＲＢは助ける理由があるか？　助ける仕組みはあるか？

そしてその直後、２０２０年４月に、それが現実となった。コロナのいちばん最初では、武漢がロックダウンされ、中国全土に厳しい統制が敷かれたとき、対中国貿易が一時完全に止まったことがあった。ブツが止まるということは、その反対方向に流れる支払いのお金が止まるということだ。そして……そのお金は、基本的にはドルだ。

このため、世界中で決済用のドル現金確保の動きが一斉に起きた。米国債市場がまずおかしくなった。世界で最も安全な資産だった米短期国債が叩き売られた。レポ市場でも、米国債を担保に現金を貸す人＝流動性を提供する人がいなくなった。マネーマーケットで流動性を提供していたのは、かつての銀行子会社だったシャドーバンクではなかった。ヘッジファンドが米国短期債とドル現金との間でキャリートレードを行い、それが流動性供給の源となっていた。そこが破綻した。

でもＦＲＢはそこで、レポ市場へのテコ入れを行い、この市場を支えた。それも米国内だけでなく、外国のレポ市場も支える仕組みを作った。さらに同じくドル流動性の資金源となっていたＥＴＦも買い支え、そのＥＴＦの裏付けとなっている社債（特に高イールドの高リスクのもの）まで買い支えた。マネーマーケットにとどまらず、証券市場も下支えしたということだ。同時に、世界各国への流動性スワップも大幅に発動している。他の中央銀行を通じたドル資金提供が、即座に行われているのだ。

これは、世界金融危機のような場当たり的な対応ではなかった。ＦＲＢは何をすべきかを十分理解し、危機の兆候が出た瞬間に世界金融危機を超える規模で動いている。そのための仕組みも、２００７～２００８年金融危機ですでに整っていた。

メーリングが日本語版への序文で言及しているのはこの話だ。ＦＲＢはレポ市場と資本市場を、自らディーラーとなって買い支えることで、市場に基づく流動性供給を確保し、それによりコロナ危機が本当の金融危機になるのを未然に防いだ。多くの人は、危機があったことすら知らない。彼らは自分たちの新しい役割を完全に認識し、それに基づいて動いた。むしろＦＲＢはちょっと過敏に動きすぎた可能性さえあると著者は述べる……が、その沙汰はコロナ危機が一服してからの話になるはずだ。

4　経済学、ファイナンス、マネービュー

さて、この見方は何が新しいのか？　その元になるマネービューというのは、経済学やファイナンスの従来の見方に比べて、何かちがうんだろうか？

ちがう、とメーリングは述べる。マネービューは、現在が現在の価値を決める。そこが決定的な差なのだ、と。

どういうことだろうか？　まず経済学では、極端に言えば過去が価値を決める。過去の資本蓄積により現在の生産が決定されるからだ。

一方、ファイナンスでは未来が現在の価値を決める。過去はすべてサンクコストで、将来キャッシュフローの割引現在価値が現在の価値を決める。

でもマネービューは、現在が現在を決める。現在は、過去と未来が出会う時点だ。そこで過去の期待は現実に直面し、将来の希望が生まれる。１００円の価値があるとされるものが、いまここで、本当に１００円のお金と交換できるのか？　それを問題にする。「計算上、１００円のはずです」というのではない。実際にそれがいま、この時点で、具体的に交換できるのか？　それを可能にする仕組みとは？　それがマネービューの考えることだ。

もう一歩具体的に言おう。経済学は、需要曲線と供給曲線の交点や生産関数で、このリンゴの現在の均衡価格は１００円です、と言う。ファイナンスは、割引現在価値やオプション価値を元に、このリンゴは１００円の現在価値がある、と言う。

でも、これはどういう意味だろうか？　いずれの場合も、１００円の現金とリンゴは自由に交換できるということだ。あるいは、ミカンや腕時計や石油や、その他の１００円の価値のものとも自由にいくらでも交換できるということだ。その前提が成立しないと、経済学もファイナンスも成り立たない。

マネービューはそれが必ずしも成立しないかも、と言う。それが成り立つためには、リンゴの流動的な市場が必要だ。そしてそれは、自然にあるものではない。そのマーケットを作る存在が必要だ。それは、いつかどこかでリンゴを売買してくれるかもしれない人、ではない。ヤフオクに出しておいたら一カ月後に買い手が見つかりました、ではない。常に確実に何らかの価格で売買するぞと言っている人々がいる、ということだ。その人たち（ディーラー）がリンゴと現金の在庫をある程度持ったうえで、リンゴを（少し安いがおそらく１００円よりは高く）買って、（１００円よりずっと高く）売るという、均衡的、効率的な水準からずれた価格を提示する。それでやっとリンゴと現金の市場が生まれ、リンゴと現金の流動性が供給される。そこでやっと、リンゴと１００円（というかディーラーのつけた値段のお金）が本当に交換できることになる。

　ミクロ経済学の最初の講義で、ぼくたちは需要と供給の交わる均衡点で価格が決まるけれど、そこでは利潤がゼロになると教わる。そして半分くらいの人は、利潤ゼロならそんな取引を誰がしたがるんだろう、取引がありえない「価格」ってなんのことだ、と首を傾げる。通常、それはモゴモゴとごまかされるのだけれど（供給側の費用は実は適正利潤込みなのだ、とか）、でも実はそれは正しい疑問だ。

　経済学の基本にある「均衡価格」というのも、ファイナンスの基本にある市場価格の効率性というのも、実はフィクションで、流動性を捨象したことで生まれるものでしかない。経済学などで価格は、だれが決めるともなく勝手にできるものということになっている。でも現実に価格を決めるのは、店で実際に値札をつけている生身の人間なのだ。もちろん、その値札をつけて流動性を提供するディーラーの状況次第では、その理論値と値札の差にあたる流動性部分は誤差範囲かもしれない。でもそれが本当に意味を持つ状況もあるのだ。

その典型は、もちろん金融危機だ。でもそれ以前に、実際にはこの流動性の役割と、それが引き起こす合理性、効率性からの逸脱によって成立しているものはたくさんある。長期金利は短期金利よりなぜ高いのか？　フューチャーズ（先物）とフォワード（先渡）の価格はなぜちがうのか？　なぜキャッシュ&キャリーなどという投資戦術でそもそも儲けが出せるのか？　銀行や投資会社の多くは、こうした仕組みを日常的に当然のように使って収益をあげている。

　マネービューの重要性は、そこでの流動性の源とそれがもたらす各種の歪みを明示的に捉えようとするところにある。それは、一般的な経済学やファイナンスとはちがう含意を持つし、それがときには、経済全体に関わる大きな含意を持つ。中央銀行の政策で、「異次元緩和」などと呼ばれるものが、単なる場当たり的で異常な対応ではないことも理解できるはずだし、イールドカーブ・コントロール（ＹＣＣ）がやたらに取り沙汰される文脈も、これで少しはわかりやすくなるのではないだろうか。さらに金融危機対応で、マクロプルーデンスの議論などが結構あったけれど、何かはっきりした結論が出たわけでもないように思う。その中で、こうした見方は今後さらに重要性を持つのではないだろうか。

5　メーリングと「マネービュー」

　そんなわけで、メーリングの理論はきわめて刺激的なものだし、本来、もっともっと注目されてもいいはずだ。そして一部では確かにそうなっている。マネーマーケットと関わるウォール街の一部では、メーリングとその盟友のゾルタン・ポーザーの評判がジワジワ上がっているらしい

（といっても、この訳者も一部の掲示板でそういう書き込みを見ただけだが）。特に世界金融危機後、シャドーバンクとその規制のあり方についての話で、あちこち登場するようになった（というか、訳者もそれで初めて名前を知った）。

が、一般には認知度はそんなに高くない。一つには、このマネービューの活躍する主要な舞台であるマネーマーケット自体が、一般人とは無縁でなかなか議論に登場しないせいもあるだろう。だがもう一つ大きいのは、この人が金融思想史を土台にして登場したということだ。そして彼の書くものも、ほとんどの場合には理論や思想よりは歴史が前面に出ているように読めてしまう。

　本書は、彼の著書（といっても単著は三冊しかないが）の中ではマネービュー的な見方を最も明確に描いた本ではある。でも書き方としては、アメリカＦＲＢの歴史を描くなかで、その底流にあるものとしてこの考え方の端々が説明される、という形式になってしまっている。多くの人は、これを歴史書だとしか思わないだろう。この解説で述べたような、マネービューの理論的な中身は必ずしも体系化されて出てこない。読者の多くが興味を持っている、２００８年のリーマンショックと金融危機についての話が出てくるのは、やっと最後の章になってからというありさま。その書きぶりも、すでにＦＲＢの各種対応やファシリティについて熟知している人に、別の見方もあるんだよ、と述べる形になっていて、知らない人はまずＦＲＢの各種施策のおさらいから始めなくてはならない（日本語版への序文でのコロナ対策に関する記述はその気がさらに強い）。本書だけを読んで彼のマネービューの中身にまで到達できた人がどこまでいるのか、いささか疑問だ。

　これは彼の他の著書についても言える。マネービューを背景としつつも、常に歴史書や伝記になってしまう。というか、その背景すら出てこないこともある。
その筆頭が、メーリングの唯一の邦訳『金融工学者フィッシャー・ブラック』（日経ＢＰ社）だ。これはかのオプション価格で有名なフィッシャー・ブラックの伝記で、その調査の入念さ、理論の含意についての考察の深さなど、実に見事な伝記だし、読んだ人は（監訳者も含め）メーリングがブラックに心酔したファイナンス・ビューの人間だと思い込んでいる。

ところが全然ちがう。彼は、フィッシャー・ブラックとはまったく考え方がちがうのだと明言している。ブラックの伝記を書いたのは、そのどこがおかしいのかを理解するためだ。フィッシャー・ブラックの世界は、リスクがすべて合理的に値づけされる世界だ。そしてその値づけが正しければ、あらゆる金融政策や為替介入は完全に価格に織り込まれ、効果を持たない。よってそこでは中央銀行はあっても無意味だ。そしてその根底には、市場に無限の流動性がコストゼロで存在する、という前提があるのだ。ちなみにこの伝記では、ブラックが晩年にこの含意に気づいた様子まで描いており、知っている人ならピンとくるのだけれど……。

さらに彼が現在準備している著書は、このマネービューを国際金融にまで広げて論じる本だそうだが、それはチャールズ・キンドルバーガーの伝記となるのだ、という。うーん。

だが幸いなことに、実はこの彼のマネービューを理解するための格好の材料がある。彼のお金と銀行業に関するオンライン講義がCourseraにあり、日本語字幕もついている（ぼくがボランティアでつけた）。ぼくも、彼のマネービューを学んだのはこのオンライン講義を通じてのことだし、ここに書いたマネービューの概説は、その要約にすぎない。この講義の明解さ、歴史はあくまで背景にとどめて理論を前面に出しつつ、講義なのでその日（２０１２年当時、まさにギリシャ債務問題の真っ最中）の『フィナンシャル・タイムズ』の時事ネタを常にからめる説明のうまさ。こう言うのもなんだが、本書を買うお金で、この講義をまずは受講してみるほうが有益かもしれないと思うくらい。これの講義ノートを少しアップデートしてそのまま本にして出してくれないかと前から思っているのだが……。

https://www.coursera.org/learn/money-banking/

また彼のコロナ危機についての話は彼がYouTubeで語っているものがわかりやすい。

https://www.youtube.com/watch?v=o5F808nkZ5I&t=1326s

6　最後に：落ち穂拾い

マネーマーケットなどというのは、本当に銀行などの実務屋にしか関係がない、裏方の配管だ。が、十年ごとくらいに世界は何かと金融危機に直面し、その大きな原因はこの配管の部分と関係している。だから次第にその配管への関心も高まっている。

そして多くの人も、そこらへんをなんとなく感じているのだとは思う。その危機のたびに、やたらに資本主義の危機だの資本主義の超克だのという話を聞かされ、その中でやり玉にあがるのは、往々にしてお金だ。いまの仕組みを打破するためにお金を改革しろとか、信用／負債がいけないのだ、といった話がしょっちゅう登場する。そうしたお話の不十分さについても、マネービューはそれなりの知見を与えてくれる。

たとえばビットコインは、お金のあり方を一変させ、それが現状の金融機関や政府がでっちあげる「信用通貨」なるインチキなつくりもののお金に取って代わり、経済システムを再編するのだ、などと喧伝されることも多い。こうした論者はしばしばビットコインは普通のお金とまったく同じだ、と述べる。が、これはウソだ。基本的にビットコインでは借金の仕組みが確立されていないからだ。実際の取引はごく単純な決済や精算ですら、一時的な信用を作り出さないと成立しない。ビットコインはある意味で、借金はよくないものだという誤解に基づくもので、現在の金融制度に代替できるようなものではない（とメーリングは述べている：https://www.youtube.com/watch?v=ROhVJA8XMuU&t=694s）。

また強欲資本主義は、人を負債でしばりつけることで隷属させ、非人間化して搾取して成立してきたのであり、一大徳政令の不思議な呪文を唱えると、愛と自由が飛び出すの、と言わんばかりの話をするデヴィッド・グレーバーのような論者もいる。あるいは２０１０年に、スイスで行われた国民投票をご存じだろうか。銀行が勝手に信用創造をしてお金を作るのが諸悪の根源なのだ、信用を廃止してすべて中央銀行の通貨発行に置き換えろ、そしてそれを民主的に統制しろという「人民通貨」をめぐるもので、否決されたがそれなりの支持者も出た。これは、最初に述べたお金の階層構造を基本的に破壊しようとするものだ。それが本当にいいことなのか？

そして話題のＭＭＴもお金の新しい見方について……と思われがちなのは彼らが貨幣国定主義（お上が「これが納税用のお金」と決めたものがお金なのよ、という考え方）を冒頭で打ち出すからだが、実はそっちの面では特に目新しいことは言っておらず、むしろ完全雇用のために政府が借金して強制雇用しろという、戦時中の統制経済のようなものを指向した財政政策の話だというのがメーリングの見立てだが（“Payment vs. Funding: The Law of Reflux for Today,” Working

Paper No. 113, Institute for New Economic Thinking, 2020)、それが当たっているかどうかは皆さんのご判断にお任せしよう。

確かに資本主義のいまの仕組みには問題もあるのかもしれない。あやしい金融屋たちがぼくたちをサクシュして格差と不平等と戦争と混乱を引き起こしているのかもしれない。が、その金融屋たちが一方では裏方として動くことで、みなさんは知らないうちにすさまじい金融危機を回避できたりしている。資本主義を打倒するにしても超越するにしても（あるいはそこで儲けるにしても）、その仕組みをもう少し理解しておくことは、決して損にはならないはずだとは思う。本書をきっかけに、そちらに興味を持ってくれる人が増えてくれれば、と祈る次第だ。

7　謝辞・他

蛇足ながら、本書に頻出するレポ（日本では現先取引）は、マネーマーケットで証券を担保にお金を借りることを指す場合と、証券を借りるためにお金を出す場合と、英米でも統一されていないそうで、本書でもどちらの話かは文脈で判断してほしい。これも含め、訳者はこの分野の実務家ではなく、訳語が通例とずれている場合があるかもしれないが、ご容赦をいただければ幸いだ。

本書を翻訳紹介するべきだと思ったのは、コロナで世界中が封鎖される直前の２０２０年3月に、あるお役所の仕事で彼のインタビューを行ったときだった。それ以前にも、彼のオンライン講義を受けてから本書も読んでおり、そのおもしろさは理解していたが、なにせ世界金融危機直後の話なので、紹介のタイミングを逃したかな、と思っていた。が、思わぬコロナ危機により状況が一変し、本書に書かれた予想が裏付けられることになった。インタビューに快く応じてくれたうえ、コロナ金融危機（未遂）に触れた日本語版への序文まで書いてくれたペリー・メーリング教授には心より感謝する。

また、その話をしたところ、すぐに本書の翻訳出版を決意された、東洋経済新報社の佐藤朋保氏にはいつもながら感謝する。ありがとうございます。

そして私事ながら、かつての同僚である故荻本洋子氏にも。そもそもメーリングのオンライン講義を受講したのは、彼女に押しつけられた仕事でマネーマーケットについて付け焼き刃の勉強を余儀なくされたせいだった。当時、おまえは何もわかっていないと怒られてばかりだったが、本書の訳出で少しは挽回できたでしょうか、荻本さん？

翻訳には慎重を期したつもりではあるが、なにせ特殊な分野でもあり、思わぬかんちがいもあるだろう。お気づきの点があれば訳者までご一報いただければ幸いだ。みつかったまちがいなどは随時、サポートページhttps://cruel.org/books/newlombard/に掲載する。

２０２１年６月　コロナ禍の東京／ハバナにて

山形浩生（hiyori13@alum.mit.edu）

【著者紹介】
ペリー・メーリング（Perry Mehrling）
ボストン大学パーディースクール経済学教授。1959年生まれ。ハーバード大学にて博士号取得。コロンビア大学バーナードカレッジにて2017年まで30年にわたり教鞭を執る。ジョージ・ソロスらが設立したシンクタンク、新しい経済思想研究所のアドバイザリー・ボードのメンバー。著書に『The Money Interest and the Public Interest』『Fischer Black and the Revolutionary Idea of Finance（邦題：金融工学者フィッシャー・ブラック）』。

【訳者紹介】
山形浩生（やまがた　ひろお）
評論家、翻訳家。東京大学大学院工学系研究科都市工学科およびマサチューセッツ工科大学不動産センター修士課程修了。開発援助コンサルタント。コンピュータ、経済、脳科学からSFまで幅広い分野で翻訳と執筆を手がける。著書に『新教養主義宣言』『断言』『断言2』『経済のトリセツ』ほか。訳書にシラー『ナラティブ経済学』、ケインズ『超訳 ケインズ「一般理論」』、ピケティ『21世紀の資本』、クルーグマン『クルーグマン教授の経済入門』、スノーデン『スノーデン 独白』、バナジー&デュフロ『貧乏人の経済学』、アカロフ&シラー『アニマルスピリット』『不道徳な見えざる手』、ハスケル&ウェストレイク『無形資産が経済を支配する』ほか多数。

21世紀のロンバード街

2021年10月21日発行

著　者——ペリー・メーリング
訳　者——山形浩生
発行者——駒橋憲一
発行所——東洋経済新報社
〒103-8345　東京都中央区日本橋本石町 1-2-1
電話＝東洋経済コールセンター　03(6386)1040
https://toyokeizai.net/

カバーデザイン……橋爪朋世
D T P……………アイランドコレクション
印　刷……………図書印刷
編集担当…………佐藤朋保／堀雅子
Printed in Japan　　ISBN 978-4-492-65490-3

索引

カ行

サ行

タ行

ナ行

ハ行

マ行

ラ行

ワ行

参考文献

Adrian, Tobias, Karin Kimbrough, and Dina Marchioni. 2010. "The Commercial Paper Funding Facility." 会議発表, Society of Government Economists, Atlanta, January 4.

Adrian, Tobias, and Hyun Song Shin. 2009. "Money, Liquidity, and Monetary Policy." *American Economic Review* 99 (2): 600–605.

Ando, Albert, and Franco Modigliani. 1965. "The Relative Stability of Monetary Velocity and the Investment Multiplier." *American Economic Review* 55 (4): 693–728.

———. 1969. "Econometric Analysis of Stabilization Policies." *American Economic Review* 59 (2): 296–314.

Arrow, Kenneth, and Frank Hahn. 1971. *General Competitive Analysis*. San Francisco: Holden Day. 邦訳ケネス・アロー&フランク・ハーン『一般均衡分析』(福岡正夫・川又邦雄訳, 岩波書店, 1976年)

Ashcraft, Adam, Allan Malz, and Zoltan Pozsar. 2010. "The Term Asset Backed Securities Facility." 会議発表, Society of Government Economists, Atlanta, January 4.

Bagehot, Walter. 1906 [1873]. *Lombard Street: A Description of the Money Market*. New York: Charles Scribner's Sons. 邦訳ウォルター・バジョット『ロンバード街：金融市場の解説』(久保恵美子訳, 日経BPクラシックス, 2011年)

Bank for International Settlements. 2008. "Credit Risk Transfers: Developments from 2005 to 2007." Basel Committee on Banking Supervision.

Biais, Bruno, Larry Glosten, and Chester Spatt. 2005. "Market Microstructure: A Survey of Microfoundations, Empirical Results, and Policy Implications." *Journal of Financial Markets* 8 (2): 217–264.

Black, Fischer. 1970. "Fundamentals of Liquidity." Mimeograph, *Associates in Finance*, June.

Borio, Claudio, and William White. 2004. "Whither Monetary and Financial Stability? The Implications of Evolving Policy Regimes." BIS Working Paper No. 147, Bank for International Settlements, February.

Bremner, Robert P. 2004. *Chairman of the Fed: William McChesney Martin, Jr., and the Creation of the Modern American Financial System*. New Haven, CT: Yale University Press.

Brunner, Karl, and Allan H. Meltzer. 1964. *The Federal Reserves Attachment to the Free Reserves Concept*. Washington, DC: House Committee on Banking and Currency.

Brunnermeier, Markus, and Lasse Pedersen. 2009. "Market Liquidity and Funding Liquidity." *Review of Financial Studies* 22 (6): 2201–2233.

Buiter, Willem H., and Anne C. Sibert. 2007. "The Central Bankers as Market Maker of Last Resort." *Financial Times Maverecon*, August 12.

Clower, Robert W. 1984. *Money and Markets*. Cambridge: Cambridge University Press.

Currie, Lauchlin. 1931. "The Decline of the Commercial Loan." *Quarterly Journal of Economics* 45 (4): 698–709.

———. 1934. *The Supply and Control of Money in the United States*. Cambridge, MA: Harvard University Press.

D'Arista, Jane W. 1994. *Federal Reserve Monetary Policy: 1915–1935*. Armonk, NY: M. E. Sharpe.

Davis, Jeanmarie, Jamie McAndrews, and Kathryn Franklin. 2010. "The Money Market Investor Funding Facility." Conference presentation, Society of Government Economists, Atlanta, January 4.

Debreu, Gerard. 1959. *Theory of Value*. New York: Wiley.

Duffie, D., and K. J. Singleton. 2003. *Credit Risk; Pricing, Measurement, and Management*. Princeton, NJ: Princeton University Press. 邦訳ダレル・ダフィー&ケネス・シングルトン『クレジットリスク：評価・計測・管理』（本多俊毅・上村昌司訳，共立出版，2009年）

Dunbar, Charles F. 1885. *Chapters on Banking*. Cambridge, MA: N.p.

Eichengreen, Barry. 1992. *Golden Fetters: The Gold Standard and the Great Depression, 1919–1939*. New York: Oxford University Press.

Fand, David I., and Ira O. Scott, Jr. 1958. "The Federal Reserve System's 'Bills Only' Policy: A Suggested Interpretation." *Journal of Business* 31 (1): 12–18.

Federal Open Market Committee, Federal Reserve System. 1952. "Federal Open Market Committee Report of Ad Hoc Subcommittee on the Government Securities Market." Reprinted in U.S. House Committee on Banking and Currency, *The Federal Reserve System after Fifty Years: Hearings before the Subcommittee on Domestic Finance of the Committee on Banking and Currency*, vol. 3. 88th Congress, 2nd session. Washington, DC: U.S. Government Printing Office, 1964.

Federal Reserve Bank of New York. 2009. *Domestic Open Market Operations during 2008*. New York: Federal Reserve Bank of New York.

Fisher, Irving. 1911. *The Purchasing Power of Money*. New York: Macmillan. 邦訳アーヴィング・フイッシャー『貨幣の購買力』（金原賢之助・高城仙次郎訳，改造社，1936年）

———. 1933. "The Debt-Deflation Theory of Great Depressions." *Econometrica* 1 (4): 337–357.

———. 1935. *100% Money*. New York: Adelphi.

Fisher, Irving, with Hans R. L. Cohrsson. 1934. *Stable Money: A History of the Movement*. New York: Adelphi.

Flandreau, Marc, Norbert Gaillard, and Frank Packer. 2009. "Ratings Performance, Regulation and the Great Depression: Lessons from Government Securities." DP 7328, Center for Economic Policy Research, June.

Friedman, Milton. 1948. "A Monetary and Fiscal Framework for Economic Stability." *American Economic Review* 38 (3): 245–264.

———. 1959. *A Program for Monetary Stability*. New York: Fordham University Press. 邦訳ミルトン・フリードマン『貨幣の安定をめざして』(三宅武雄訳，ダイヤモンド社，1963年)

———. 1968. "The Role of Monetary Policy." *American Economic Review* 58 (1): 1–17.

Friedman, Milton, and D. Meiselman. 1963. "The Relative Stability of Monetary Velocity and the Investment Multiplier in the United States, 1897–1958." In *Stabilization Policies*, by Commission on Money and Credit. Englewood Cliffs, NJ: Prentice-Hall.

Friedman, Milton, and Anna J. Schwartz. 1963. *A Monetary History of the United States, 1863–1960*. Princeton, NJ: Princeton University Press. 邦訳ミルトン・フリードマン&アンナ・シュウォーツ『大収縮 1929–1933「米国金融史」第7章』(久保恵美子訳，日経BPクラシックス，2009年)

Gale, Douglas. 1982. *Money: In Equilibrium*. Cambridge: Cambridge University Press.

Goldberg, Linda, Craig Kennedy, and Jason Miu. 2010. "FX Swap Lines and Dollar Funding Costs." 会議発表, Society of Government Economists, Atlanta, January 4.

Goodhart, Charles A. E. 1975a. "Monetary Relationships: A View from Threadneedle Street." Reserve Bank of Australia, *Papers in Monetary Economics* 1.

———. 1975b. *Money, Information, and Uncertainty*. London: Macmillan.

Gorton, Gary B. 2010. *Slapped by the Invisible Hand: The Panic of 2007. Financial Management Association Survey and Synthesis*. New York: Oxford University Press.

Gorton, Gary, and Andrew Metrick. 2009. "Securitized Banking and the Run on Repo." Yale ICF Working Paper no. 09–14, Yale University.

Gurley, John G., and Edward S. Shaw. 1960. *Money in a Theory of Finance*. Washington, DC: Brookings Institution. 邦訳ジョン・G・ガーレイ&エドワード・S・ショウ『貨幣と金融』

（桜井欣一郎訳，至誠堂，1967年）

Hahn, Frank. 1965. "On Some Problems of Proving the Existence of an Equilibrium in a Monetary Economy." In *Theory of Interest Rates*, edited by F. Hahn and F. Brechling. London: Macmillan.

Hansen, Alvin H. 1938. *Full Recovery or Stagnation?* New York: Norton.

Harding, W.P.G. 1925. *The Formative Period of the Federal Reserve System (During the World Crisis)*. Boston: Houghton Mifflin.

Harris, Larry. 2003. *Trading and Exchanges: Market Microstructure for Practitioners*. New York: Oxford University Press. 邦訳ラリー・ハリス『市場と取引：実務家のためのマーケット・マイクロストラクチャー』（上下巻，宇佐美洋監訳，濱田隆道・小野里光博・山岡博士訳，東洋経済新報社，2006年）

Hart, Albert G. 1935. "The 'Chicago Plan' of Banking Reform." *Review of Economic Studies* 2 (2): 104–116.

———. 1938. *Debts and Recovery*. New York: Twentieth Century Fund.

Hawtrey, Ralph G. 1923. *Currency and Credit*. 2nd edition. London: Longmans, Green & Co.

———. 1934. *The Art of Central Banking*. London: Longmans, Green &Co.

Hetzel, Robert L., and Ralph F. Leach. 2001a. "After the Accord: Reminiscences on the Birth of the Modern Fed." Federal Reserve Bank of Richmond, *Economic Quarterly* 87 (winter): 57–64.

———. 2001b. "The Treasury-Fed Accord: A New Narrative Account." Federal Reserve Bank of Richmond, *Economic Quarterly* 87 (winter): 33–55.

Hicks, John R. 1935. "A Suggestion for Simplifying the Theory of Money." *Economica*, new series, 2 (5): 1–19.

———. 1937. "Mr. Keynes and the 'Classics': A Suggested Interpretation." *Econometrica* 5 (2): 147–159. 邦訳ジョン・R・ヒックス「ケインズ氏と『古典派』たち：解釈の一示唆」，ケインズ『雇用，利子，お金の一般理論』（山形浩生訳，講談社学術文庫，2012年）pp. 521–542 所収

———. 1939. *Value and Capital*. Oxford: Clarendon Press. 邦訳J・R・ヒックス『価値と資本：経済理論の若干の基本原理に関する研究』（上下巻，安井琢磨・熊谷尚夫訳，岩波文庫，1995年）

———. 1989. *A Market Theory of Money*. Oxford: Clarendon Press. 邦訳J・R・ヒックス『貨幣と市場経済』（花輪俊哉・小川英治訳，東洋経済新報社，1993年）

Jones, Jesse H., with Edward Angly. 1951. *Fifty Billion Dollars: My Thirteen Years with*

the RFC, 1932–1945. New York: Macmillan.

Keynes, John Maynard. 1913. *Indian Currency and Finance*. London: Macmillan. 邦訳ジョン・メイナード・ケインズ『インドの通貨と金融』(ケインズ全集第1巻, 則武保夫・片山貞雄訳, 東洋経済新報社, 1977年)

———. 1923. *A Tract on Monetary Reform*. London: Macmillan. 邦訳ジョン・メイナード・ケインズ『お金の改革論』(山形浩生訳, 講談社学術文庫, 2014年)

———. 1930. *A Treatise on Money*. 2 vols. London: Macmillan. 邦訳ジョン・メイナード・ケインズ『貨幣論』(ケインズ全集第5, 6巻, 小泉明・長澤惟恭訳, 東洋経済新報社, 1979/1980年)

———. 1936. *The General Theory of Employment, Interest, and Money*. New York: Harcourt, Brace. 邦訳ジョン・メイナード・ケインズ『雇用, 利子, お金の一般理論』(山形浩生訳, 講談社学術文庫, 2012年)

Kindleberger, Charles P. 1978. *Manias, Panics, and Crashes A: History of Financial Crises*. New York: Basic Books. 邦訳C・P・キンドルバーガー&R・Z・アリバー『熱狂, 恐慌, 崩壊：金融危機の歴史』(高遠裕子訳, 日本経済新聞出版社, 2014年) 第6版の邦訳

Kotlikoff, Laurence J. 2010. *Jimmy Stewart Is Dead: Ending the Worlds Ongoing Plague with Limited Purpose Banking*. Hoboken, NJ: John Wiley & Sons.

Kotlikoff, Larry, and Perry Mehrling. 2008. "Bagehot plus RFC: The Right Financial Fix." *Financial Times*, September 25, Economist Forum.

Laidler, David E. W. 1993. "Hawtrey, Harvard, and the Origins of the Chicago Tradition." *Journal of Political Economy* 101 (6): 1068–1103.

———. 1999. *Fabricating the Keynesian Revolution: Studies in the Interwar Literature on Money, the Cycle, and Unemployment*. Cambridge: Cambridge University Press.

Laughlin, J. Laurence. 1903. *Principles of Money*. New York: Scribner's.

Leijonhufvud, Axel. 1968. *On Keynesian Economics and the Economics of Keynes: A Study in Monetary Theory*. New York: Oxford University Press. 邦訳A・レィヨンフーヴッド『ケインジアンの経済学とケインズの経済学：貨幣的理論の一研究』(日本銀行ケインズ研究会訳, 東洋経済新報社, 1978年)

Lucas, Robert E. 1976. "Econometric Policy Evaluation: A Critique." In *The Phillips Curve and Labor Markets*, edited by Karl Brunner and Allan H. Meltzer. Carnegie-Rochester Conference Series on Public Policy, vol. 1. Amsterdam: North-Holland.

Markowitz, Harry. 1952. "Portfolio Selection." *Journal of Finance* 7 (1): 77–91.

Marschak, Jacob. 1938. "Money and the Theory of Assets." *Econometrica* 6 (4): 311–325.

McGuire, Patrick, and Goetz von Peter. 2009. "The US Dollar Shortage in Global Banking." Bank for International Settlements, *Quarterly Review* (March): 47–60.

Mehrling, Perry. 1997. *The Money Interest and the Public Interest: American Monetary Thought, 1920–1970*. Cambridge, MA: Harvard University Press.

———. 1999. "The Vision of Hyman P. Minsky." *Journal of Economic Behavior and Organization* 39 (2): 129–158.

———. 2005. *Fischer Black and the Revolutionary Idea of Finance*. Hoboken, NJ: John Wiley & Sons. 邦訳ペリー・メーリング『金融工学者フィッシャー・ブラック』(今野浩監訳, 村井章子訳, 日経BP社, 2006年)

———. 2010a. "Credit Default Swaps: The Key to Financial Reform." In *Time for a Visible Hand: Lessons from the 2008 World Financial Crisis*, edited by Stephany Griffith-Jones, Jose Antonio O'Campo, and Joseph E. Stiglitz. New York: Oxford University Press.

———. 2010b. "Monetary Implementation Policy: A Microstructure Approach." In *David Laidler's Contributions to Macroeconomics*, edited by Robert Leeson. London: Palgrave Macmillan.

Mehrling, Perry, and Alistair Milne. 2008. "Government's Role as Credit Insurer of Last Resort and How It Can Be Fulfilled." Cass Business School, Centre for Banking Research, Working Paper 01–2008, October 29.

Meltzer, Allan H. 2009. *A History of the Federal Reserve*. Chicago: University of Chicago Press.

Minsky, Hyman P. 1957. "Central Banking and Money Market Changes." *Quarterly Journal of Economics* 71 (2): 171–187.

———. 1967. "Financial Intermediation in the Money and Capital Markets." In *Issues in Banking and Monetary Analysis*, edited by G. Pontecorvo, R. P. Shay, and A. G. Hart. New York: Holt, Rinehart, and Winston.

———. 1982. *Could It Happen Again? Essays on Instability and Finance*. Armonk, NY: M. E. Sharpe. 邦訳ハイマン・ミンスキー『投資と金融：資本主義経済の不安定性』(ポスト・ケインジアン叢書18, 岩佐代市訳, 日本経済評論社, 1988年)

———. 1986. *Stabilizing an Unstable Economy*. New Haven, CT: Yale University Press. 邦訳ハイマン・ミンスキー『金融不安定性の経済学：歴史・理論・政策』(吉野紀・浅田統一郎・内田和男訳, 多賀出版, 1989年)

Mints, Lloyd. 1945. *A History of Banking Theory in Great Britain and the United States*. Chicago: University of Chicago Press. 邦訳L・W・ミンツ『銀行理論の歴史：グレイト・

ブリテインと合衆国』(三橋昭三・望月昭一訳，成文堂，1975年)
Mitchell, Waldo. 1923. "The Institutional Basis for the Shiftability Theory of Bank Liquidity." University of Chicago, *Journal of Business* 1 (3): 334–356.
———. 1925. *The Uses of Bank Funds*. Chicago: University of Chicago Press.
Modigliani, Franco. 1944. "Liquidity Preference and the Theory of Interest and Money." *Econometrica* 12 (1): 45–88.
Morris, Charles R. 2008. *The Trillion Dollar Meltdown: Easy Money, High Rollers, and the Great Credit Crash*. New York: Public Affairs. 邦訳チャールズ・R・モリス『なぜ，アメリカ経済は崩壊に向かうのか：信用バブルという怪物』(山岡洋一訳，日本経済新聞出版社，2008年)
Morton, Walter A. 1939. "Liquidity and Solvency." *American Economic Review* 29 (2): 272–285.
Moulton, H. G. 1918. "Commercial Banking and Capital Formation." *Journal of Political Economy* 26 (5, 6, 7, 9): 484–508, 638–663, 705–731, 849–881.
Patinkin, Don. 1956. *Money, Interest, and Prices: An Integration of Monetary and Value Theory*. Evanston, IL: Row, Peterson, & Co. 邦訳D・パティンキン『貨幣・利子および価格：貨幣理論と価値理論の統合』(貞木展生訳，勁草書房，1971年)
Phelps, Edmund S. 1968. "Money Wage Dynamics and Labor Market Equilibrium." *Journal of Political Economy* 76 (4, part 2): 687–711.
Phillips, Ronnie J. 1993. *The Chicago Plan and New Deal Banking Reform*. Armonk, NY: M. E. Sharpe.
Sandilands, Roger J. 1990. *The Life and Political Economy of Lauchlin Currie*. Durham, NC: Duke University Press.
Sayers, Richard S. 1936. *Bank of England Operations*, 1890–1914. London: P. S. King & Sons.
Schumpeter, Joseph A. 1934. *The Theory of Economic Development: An Inquiry into Profits, Capital Credit, Interest, and the Business Cycle*. Cambridge, MA: Harvard University Press. 邦訳ヨーゼフ・シュムペーター『経済発展の理論』(上下巻，塩野谷祐一・中山伊知郎・東畑精一訳，岩波文庫，1977年)
Sharpe, William. 1964. "Capital Asset Prices: A Theory of Market Equilibrium under Conditions of Risk." *Journal of Finance* 19 (3): 425–442.
Shiller, Robert J. 2008. *The Subprime Solution: How Today's Global Financial Crisis Happened, and What to Do about It*. Princeton, NJ: Princeton University Press. 邦訳ロバート・シラー『バブルの正しい防ぎかた：金融民主主義のすすめ』(黒坂佳央監訳，日本

評論社，2014年）

SIGTARP [Special Inspector General for the Troubled Asset Relief Program]. 2009. *Factors Affecting Efforts to Limit Payments to AIG Counterparties.* Washington, DC: Government Printing Office.

Simons, Henry C. 1934. *A Positive Program for Laissez-Faire.* Chicago: University of Chicago Press.

Sprague, Oliver M. W. 1910. *History of Crises under the National Banking System.* Fairfield, NJ: Augustus Kelley, 1977.

Sproul, Allan. 1980. *Selected Papers of Allan Sproul.* Edited by Lawrence S. Ritter. New York: Federal Reserve Bank of New York.

Stigum, Marcia, and Anthony Crescenzi. 2007. *Stigum's Money Market. 4th ed.* New York: McGraw-Hill.

Taylor, John B. 2009. *Getting Off Track: How Government Actions and Interventions Caused, Prolonged, and Worsened the Financial Crisis.* Stanford, CA: Hoover Institution Press. 邦訳ジョン・B・テイラー『脱線FRB』（村井章子訳，日経BP社，2009年）

Taylor, John B., and Michael Woodford. 1999. *Handbook of Macroeconomics.* 3 vols. New York: Elsevier.

Tett, Gillian. 2009. *Fool's Gold: How the Bold Dream of a Small Tribe at J. P. Morgan Was Corrupted by Wall Street Greed and Unleashed Catastrophe.* New York: Free Press. 邦訳ジリアン・テット『愚者の黄金：大暴走を生んだ金融技術』（平尾光司監訳，土方奈美訳，日本経済新聞出版社，2009年）

Timberlake, Richard H. 1993. *Monetary Policy in the United States: An Intellectual and Institutional History.* Chicago: University of Chicago Press.

Tobin, James. 1958. "Liquidity Preference as Behavior towards Risk." *Review of Economic Studies* 25 (2): 65–86.

———. 1969. "A General Equilibrium Approach to Money." *Journal of Money, Credit, and Banking* 1 (1): 15–29.

———. 1980. *Asset Accumulation and Economic Activity: Reflections on Contemporary Macroeconomic Theory.* Chicago: University of Chicago Press.

Treynor, Jack. 1987. "The Economics of the Dealer Function." *Financial Analysts Journal* 43 (6): 27–34.

Walras, Leon. 1954 [1926, 1874]. *Elements of Pure Economics, or the Theory of Social Wealth.* Translation by William Jaffe of definitive 1926 edition. Homewood, IL: Irwin. 初版

はLausanne: L. Corbaz & cie, 1874. 邦訳レオン・ワルラス『純粋経済学要論：社会的富の理論』（久武雅夫訳，岩波書店，1983年）

Warburg, Paul M. 1930. *The Federal Reserve System: Its Origin and Growth.* New York: Macmillan. 邦訳P・M・ウァールバーグ『米國正貨準備制度の本質』（浅田恵一訳補，内外書房，1932年）

Wicker, Elmus. 1966. *Federal Reserve Monetary Policy, 1911–1933.* New York: Random House.

———. 1969. "Brunner and Meltzer on Federal Reserve Monetary Policy during the Great Depression." *Canadian Journal of Economics* 2 (2): 318–321.

Wicksell, Knut. 1936 [1898]. *Interest and Prices.* Translated by R. F. Kahn. London: Macmillan. 邦訳クヌート・ウィクセル『利子と物価』（近代経済学古典選集7，北野熊喜男訳，日本経済評論社，1984年）

Willis, Henry Parker. 1914. "The Federal Reserve Act." *American Economic Review* 4 (1): 1–24.

Wood, John H. 2005. *A History of Central Banking in Great Britain and the United States.* Cambridge: Cambridge University Press.

Woodford, Michael. 2003. *Interest and Prices: Foundations of a Theory of Monetary Policy.* Princeton, NJ: Princeton University Press.

Woodford, Michael, and Vasco Curdia. 2009. "Credit Frictions and Optimal Monetary Policy." Discussion Paper no. 0910–01, Department of Economics, Columbia University.

Young, Allyn A. 1999 [1924]. "Mobilizing Bank Credits: Possibilities of the Federal Reserve." In *Money and Growth: Selected Essays of Allyn Young,* edited by Perry Mehrling and Roger Sandilands. London: Routledge.

Zandi, Mark M. 2009. *Financial Shock: A 360° Look at the Subprime Mortgage Implosion, and How to Avoid the Next Financial Crisis.* Upper Saddle River, NJ: FT Press.

原注

はじめに

1. Shiller (2008), Morris (2008), Zandi (2009).
2. Wicksell (1936 [1898]).
3. Woodford (2003).
4. Taylor (2009).

第1章　新旧ロンバード街

1. Minsky (1967, 33).
2. Hawtrey (1923).
3. Schumpeter (1934). もちろん，その裏面のリスクもある――上りでは過剰な成長を促進し，下りでは過剰な破壊を促進するというリスクだ．これはクラウディオ・ボリオやウィリアム・ホワイトのような現代の新オーストリア学派の論者たちが強調するリスクだ．Borio and White (2004).
4. Hawtrey (1934).
5. 一般担保レポは通常，国債レポよりは高金利を支払うが，どちらの利率も通常はフェデラルファンド金利より低いのが通例だ．提示されるユーロダラー金利は通常，フェデラルファンド金利よりは高いが，その差は通常は数ベーシスポイントでしかない．
6. Brunnermeier and Pedersen (2009).
7. Adrian and Shin (2009).

第2章　現在の仕組みの起源

1. FRB以前の金融危機に関する古典的な記述としてはSprague (1910) が古典的な記述だ．FRB以後については主にWood (2005) に依拠しているが，FRBの古典的な歴史としては他に Harding (1925), Wicker (1966), Timberlake (1993), D'Arista (1994), Meltzer (2009) がある．
2. Young (1999 [1924], 304).
3. Federal Reserve Act. section13 (2), "Discount of Commercial, Agricultural and Industrial Paper."
4. この適応の起源はチャールズ・F・ダンバー (Dunbar (1885)) だが，FRB創設時にこの立場を支持した主要人物はローレンス・ラフリン (Laughlin (1903)) とその生徒のヘン

リー・パーカー・ウィリス（Willis (1914)）だ．Mehrling (1997, 33–39) 参照.

5. Moulton (1918, 723)．ムールトンはシフト能力仮説の元祖だが，Mitchell (1923, 1925) と Currie (1931) も参照.
6. Moulton (1918, 726).
7. Moulton (1918, 723 n. 1).
8. D'Arista (1994, chap. 1).
9. D'Arista (1994, 31–32).
10. FRBの外では，もっと狭い物価指数を安定化させるという目標に専念する量的統制を主張し，その目標実現のためにマネーサプライをコントロールしようと主張する声もあった．イェール大学の経済学者アーヴィング・フィッシャーは，その運動の知的リーダーを自認していた（Fisher with Cohrsson (1934)）.
11. Laidler (1993).
12. ストロングルールという用語を提唱したのはWicker (1969) だ．Wood (2005, 206–208) も参照.
13. このルールは古典的なイギリス中央銀行業務をアメリカの条件に適応させたものと理解できる．なぜならアメリカでは商業融資の役割が低く，「銀行金利に実効性を持たせる」公開市場操作がそれに対応してイギリスよりも重要であり，現金収支が緩い場合だけに限られなかったからだ.
14. たとえばWarburg (1930).
15. Eichengreen (1992, chap. 7).
16. Wood (2005, 201) は，ストロングルールの指標のためにFRBは非常に積極的に反応したと論じている．というのもそれは割引を1929年7月の3.29億ドルから1930年7月にはたった0.09億ドルにまで減らしたからだ.
17. Friedman and Schwartz (1963). また Currie (1934) も参照.
18. Fisher (1933). また Hart (1938) も参照.
19. Phillips (1993) はこうした，主に学術的な改革者たちがその後の法制にどう影響したかについて有益な歴史を提供している．Sandilands (1990) によると，重要な政策アクターはラフリン・カリーだったが，Fisher (1935), Simons (1934), Hart (1935) も参照.
20. Morton (1939, 281).
21. Morton (1939, 283).
22. だからMints (1945) が糾弾している相手は，とっくの昔に亡くなっていたのだった.
23. Laidler (1999) はケインズを，両大戦間のミクロ経済学思考の発展のもっと大きな文脈に位置づけている．Mehrling (1997) はアメリカにおけるケインズの受容が地元の制度派経

済学の伝統に重要な点で影響されていることを示している.

24. Hansen (1938, 318).
25. Wood (2005, 226).
26. Hetzel and Leach (2001a, 2001b). またマーティンの伝記も参照 (Bremner (2004)).

第3章　管理の時代

1. Sproul (1980, 53) での引用.
2. 引き上げは3段階で起こった. 1936年8月15日, 1937年3月1日, 1937年5月1日.
3. Keynes (1930, 2: 143, 邦訳第6巻149), Hicks (1939, 146-147, 邦訳上巻245-246).
4. Federal Open Market Committee (1952) ; また Wood (2005, 247-252) も参照.
5. Sproul (1980, 105-111).
6. Brunner and Meltzer (1964) はこの手順についての有力な批判を提供している.
7. Sproul (1980, 155).
8. Sproul (1980, 160).
9. Friedman (1959) 参照. その後展開するドラマにおける役割にもかかわらず、フリードマン自身はアーヴィング・フィッシャーのレンズ越しにではなく, ヘンリー・サイモンズ (Simons (1934)) と彼の100%マネーの提案を通じて理解するのが最もよい. Friedman (1948) 参照.
10. Debreu(1959), Arrow and Hahn(1971), Hahn(1965). 30年近く前のLSEでの学生時代に, この問題の重要性に目を向けさせてくれたダグラス・ゲイル (Gale (1982)) に感謝する.
11. マルシャックは明示的にヒックス (Hicks (1935)) を先人と認めている.
12. マルシャックのアプローチを復活させようという他の初期の試みとしてはModigliani (1944) と Patinkin (1956) などがある.
13. Tobin (1969, 26).
14. Friedman and Meiselman (1963), Ando and Modigliani (1965).
15. Ando and Modigliani (1969).
16. Tobin (1969, 26).
17. Minsky (1982, 1986), および Mehrling (1999) も参照. 他の声としてはFand and Scott (1958), Leijonhufvud (1968), Clower (1984), Goodhart (1975b), Kindleberger (1978), 後期のHicks (1989) など.

第4章　スワップの妙技

1. Stigum and Crescenzi (2007, 869-873).

2. すでに1913年にケインズはUIPを使ってイギリスポンドとインドルピーとの為替レート関係を分析している（Keynes（1913））．ここには彼の先物金利平価（1923, 124）やnormal backwardation（1930, 2: 143）についての思考の起源がある．
3. 常にとは限らないが通常は，この賭けはある通貨で低金利で借り，別の通貨で高金利で貸すというものだ．この賭けは「キャリートレード」と呼ばれる．金利差にプラスの「キャリー」が関連しているからだ．
4. ツイスト作戦に続いて，他のますます思いつきめいた，いいとこ取りをしようという試みが1971年まで続いたが，そこでニクソン大統領によってドルは黄金に対して減価し，そして1973年には自由に変動できることになった．その後，UIPアービトラージは続いたが，期待のアンカーとなるような，ドルの為替レートに関する公式な支援はなくなった．
5. Black（1970, 5）．
6. ここでは Duffie and Singleton（2003, 180）に従っている．
7. このヘッジが信頼できる形で提供されていたせいで，金利スワップ契約は財務省金利よりはLIBORを基準に書かれるのが通例となった．複数の満期日を持つ財務省証券の深い市場が存在するということは，常に関連する財務省証券の先物や予約契約に流動性があるということで，これもヘッジに使える．だが金利スワップはLIBORを参照しており，財務省金利ではないので，このヘッジは完璧ではなかった．残る「ベーシスリスク」を，通称TED（財務省–ユーロダラー）スプレッドの取引で管理することは可能だ．このためこれは，システム全体のストレスの敏感な指標となった．
8. 自然ヘッジの不在は，CDSを取引所に移そうという現在の提案における大きな障害となっている．
9. Sharpe（1964）．もっと完全な話は Mehrling（2005）を参照．これはハーバード大学のジョン・リントナーとジャック・トレイナーも含む，複数の同時発明の例となっている．
10. もっと厳密には，主要な問題はEHとUIPのアービトラージにおけるリスクが分散化できるかというものだった．この問題は市場全体との共分散リスクの問題として理解されていた．
11. Goodhart（1975a）．
12. Friedman（1968）, Phelps（1968）．
13. Lucas（1976）．
14. ルーカス批判は，マルシャック＝トービンの枠組みにはっきり向けられており，トービンも売り言葉に買い言葉で，ルーカスの静寂主義を，マネタリズム2号と揶揄し（Tobin（1980）），それをミルトン・フリードマンのマネタリズム1号の後継者と描き出している．

だが実はフリードマンは反循環プロジェクトを疑問視したことは一度もないし，ケインズ経済運営批判もどのレバーを使うべきか（金融か財政か）と，それを使う最善の方法（ルールか裁量か）に限っている．

第5章　ディーラーの役割とは

1. だが Mehrling (2010b) を参照.
2. 格付機関の発達は，この種の操作を後押しするためもあった．Flandreau, Gaillard, and Packer (2009) を参照.
3. Brunnermeier and Pedersen (2009). 以下の分析は，市場のミクロ構造をめぐるファイナンス文献から示唆を得ている．特にTreynor (1987), Harris (2003), Biais, Glosten, and Spatt (2005)．またHicks (1989) も参照.
4. Adrian and Shin (2009).
5. この議論は，ディーラーが金利リスクエクスポージャーを，金利先物市場でヘッジすると想定すればもっと厳密にできる．Mehrling (2010b) を参照.
6. Woodford and Curdia (2009).
7. Taylor and Woodford (1999).

第6章　金融危機の教訓

1. Federal Reserve, flow of funds statistics, https://www.federareserve.gov/releases/z1. 著者の計算.
2. ABCPは，オフバランスシートのストラクチャード投資商品にとって重要であり，シティバンクが支配的なプレーヤーだったシャドーバンクの一流派だ．RPはオンバランスシートのアービトラージにとってもっと重要であり，これはスイス・ユニオン銀行(UBS) が主流プレーヤーだったシャドーバンクの一流派だ.
3. Gorton (2010) はこの観点からの2008年金融危機の決定版記録となっている.
4. Gorton and Metrick (2009). 2008年のFRB政策対応はFederal Reserve Bank of New York (2009) に詳しい.
5. Adrian, Kimbrough, and Marchioni (2010).
6. McGuire and von Peter (2009), Goldberg, Kennedy, and Miu (2010).
7. ヘッジファンドはマネーマーケット資金を間接的に使った．なぜなら，彼らは主要ブローカーからの融資に頼っていたからで，そのブローカーは通常，融資を卸のマネーマーケット借入れで資金調達していたのだった.
8. IPOのときには，格付機関はトップトランシェにAAAのハンコを押すことで価格確立に

貢献した．だがそうした価格を支えるための売買は，その初期の時点も二次市場でも行わなかった．

9. 実際，ピークでは一部の投資銀行は明らかに合成CDOメカニズムを使い，単に顧客に販売した信用保護をヘッジするだけでなく，暴落以前に純ショートポジションを確立するためにさらに買い入れていた．これはもちろん帳簿マッチングではない．ディーリングではなく投機だ．
10. Tett (2009) はJ.P.モルガンがこの仕組みをまずは社債や企業CDS用に開発したことを述べている．Bank for International Settlements (2008) を見ると，この仕組みが証券化した消費者ローンや住宅ローンに適用された様子がわかる．
11. TSLFは定期的なオークションを通じて機能したが，そのオークションの規模はニーズにあわせて調整されていることは周知の事実だった．この意味でこのファシリティは「常設」と見ることができる．
12. 主に恩恵を受けたのは，ソシエテ・ジェネラルとゴールドマン・サックスだった．SIGTARP (2009) を参照．
13. 私は危機の初期からCDSに公的な下支えがないのを懸念してきた (Mehrling (2010a) 参照)．2008年9月23日には，『フィナンシャル・タイムズ』に「ABXにおけるクレジット・デフォルト・スワップ指数の最後のマーケットメイカーとして」乗り込むように投書を発表した．これがきっかけとなって，私の共著者コトリコフとミルンたちは「最後の信用保証人」という発想を思いついたようだ (Kotlikoff and Mehrling (2008)；Mehrling and Milne (2008))．だが重要なアイデアは常に，流動性の下支えを提供することでシフト可能性を保証することであり，富の民間損失を社会化することではない．したがって「最後の信用保証人」よりは「最後のディーラー」のほうがよい表現だ．これと関連しているが少しちがう提案が，危機の早い時期にBuiter and Sibert (2007) によって提案されている．
14. Davis, McAndrews, and Franklin (2010).
15. Ashcraft, Malz, and Pozsar (2010).